돈황

실크로드의 관문

차례

Contents

실크로드의 요충지를 찾아서

돈황敦煌을 여행한 사람들은 이구동성으로 그곳의 역사적 가치를 높이 평가하며, 사람들에게 직접 가볼 것을 권한다. 중국 사람들은 물론이고, 특히 외국인들이 중국의 여러 명소 가운데 가장 즐겨 찾는 역사적 유적지로는 서안西安과 돈황을 들 수 있을 것이다. 빼어난 경치를 찾아가는 것을 명승탐방이라고 한다면, 돈황은 역사유적탐방으로 그 진가를 발휘하는 지역적 특성을 지닌 곳이다. 돈황을 여행해 보면 그곳의 지리적 특성이 오늘날 돈황을 역사유적지로 만들었음을 보고 느낄수 있다. 그래서 돈황은 책으로 읽거나 말로만 들어서는 결코 이해할 수 없으며, 실제로 직접 보고 확인해야만 비로소 그 내용을 제대로 이해할 수 있게 된다.

우리가 돈황을 제대로 이해하기 위해서는 몇 가지 핵심어(key word)에 대한 정확한 설명이 선행되어야 할 필요가 있다. 이 핵심어들은 늘 돈황이라는 지역적 특성에서 비롯된 것이긴 하지만, 그 정확한 의미나 개념을 불분명하게 대충 이해하는 경우가 많다.

흔히 우리가 쉽게 하는 말인 '비단길'은 영어의 '실크로드 Silk Road'라는 말로 널리 알려졌고, 중국 사람들은 '사주지로絲綢之路'라고 직역하여 쓰고 있다. 실크로드란, 중국인들이 국내에서 생산된 비단을 낙타에 싣고 지금의 신강 위구르 자치구에서 아시아 내륙지방을 통해 유럽에 이르기까지의 교역로를 말한다. 실크로드의 시작은 오늘의 서안이지만, 당시 중국 경내의 마지막 기착지였던 돈황 지역은 본격적인 교역이 시작되는 종착역과도 같은 곳이었다. 돈황을 나가 양관과 옥문관을 통과하면 천산남북로로 갈라져, 아시아 내륙을 거쳐 멀리 유럽에까지 이르는 대장정의 교역이 이루어졌다.

'하서회랑河西回廊'이라는 용어는 돈황의 지역적 특성과 관련하여 돈황을 가리키는 말로 자주 쓰인다. 황하를 중심으로 보면 오늘의 감숙성甘肅省은 서쪽에 위치해 있으며, 그 모양은 서북쪽으로 길게 비스듬히 누워 있어 기나긴 복도를 연상시킨다. 돈황은 하서회랑의 서북쪽 제일 끝부분에 위치한 지역으로서 신강성 지역의 변경과 인접해 있다.

'하서사군河西四郡'은 한무제가 황하의 서쪽에 설치한 네 곳의 직할도시를 이르는데, 양주涼州로 불리던 무위武威, 지금의 장액張掖인 감주甘州, 지금의 주천酒泉인 숙주肅州, 그리고 마지막으로 지금의 돈황인 사주沙州가 그것이다. 돈황은 옛날부터 사막 한가운데에 위치하여 모래 바람이 심한 지역이었기 때문에 사주라 불렸을 것이다. 우리나라 팔도의 지명이 해당 지역의 중심도시에서 비롯되었듯이, 감숙성甘肅省이라는 이름도 지금의 장액인 감주와 지금의 주천인 숙주라는 지명의 합성어이다. 돈황은 이 감숙성의 서북쪽 제일 끝에 있는 도시이다. 돈황의 역사와 지역적 특성을 이해하기 위해서는 먼저 중국 지도를 펼쳐놓고 감숙성을 찾아, 감숙성에서 다시 돈황을 보면서 이해의 실마리를 찾아야 한다. 오늘의 돈황은 처음부터 그 지리적 특성으로 인해 중국의 역사유적지가 될 수 있었기 때문이다.

돈황문물연구원장인 번금시樊錦詩 여사는 돈황이 중국 문화대혁명(1966~1977)의 격랑에서 살아남을 수 있었던 것도 지리적 여건 때문이었다고 필자에게 알려주었다. 중국 전역에 산재해 있던 역사유적과 유물의 대부분이 문화대혁명 기간 동안 나이 어린 홍위병들에 의해 무참히 파괴되었으나, 돈황의 막고굴은 완벽하게 보존될 수 있었던 이유를 묻자 당시의 상황을 번樊원장은 다음과 같이 말했다.

당시 돈황에 이르는 유일한 교통수단은 철도밖에 없었는데, 그나마 돈황의 근처에 있는 유원柳園역에서도 막고굴까지의 거리는 130여 km나 되었기 때문에 돈황까지 가기는 힘들었다고 한다. 두 명의 홍위병이 유원역에 내린 후 군에서 제공하는

트럭을 타고 몇 시간 만에 막고굴에 도착했지만, 피곤과 허기에 지쳐 기진맥진한 그들을 극진히 대접하며 민족문화유산의 가치를 설명하자, 홍위병들은 고개를 끄덕이며 그냥 돌아갔다고 한다. 지리적으로 많은 사람들이 쉽게 오갈 수 있는 교통이 편리한 곳에 돈황의 석굴이 있었다면, 그대로 보존되지 못해 지금의 모습을 보기는 어려웠을 것이다.

이 책에서는 돈황 문화의 역사적 이해를 위해 다음의 내용을 중심으로 엮었다. 첫째는 돈황의 역사적 배경으로 돈황의 유래와 중국 역대 왕조의 돈황 개척에 관해, 둘째로 돈황 예술의 보물창고인 막고굴과 천불동에 대해, 셋째로 청나라 말기에 서양인들의 돈황 보물 약취의 시작과 그 전말에 대해 간략히 소개하겠다. 이상의 세 가지를 이해하고 실제로 돈황을 여행한다면 나름대로 유익한 경험이 될 것이다.

돈황의 역사

    돈황이 처음으로 중국 역사에 등장한 것은 한무제 때이다. 원정元鼎 6년(기원전 111), 한무제는 당시 서북쪽 개척과 서역 정책의 중요성을 깨닫고 동쪽으로부터 무위, 장액, 주천, 돈황의 하서사군을 설치하였으며, 비로소 이 지역을 역사상 처음으로 중국의 영토에 편입시켰다. '돈황'이라는 이름은 이때 붙여진 것으로, 춘추시대에는 과주瓜州라고 불렸던 곳이었다.

    당시 사군四郡 중 가장 서쪽인 돈황 지방에는 흉노가 들어오기 전에 월지月氏족이 살고 있었다. 흉노를 물리치기 위한 전략을 여러 가지로 생각하던 한무제는 서쪽으로 도망친 월지와 연합해 흉노를 협공하려는 계획을 세웠다. 그 계획으로 인해 기원전 138년에 멀고 먼 서쪽의 월지에게로 갔던 사람이 장건

張騫(?~기원전 114)이다. 그는 도중에 흉노에게 잡혀 10여 년 동안이나 억류된 끝에 겨우 월지의 나라에 도착할 수 있었는데, 월지는 풍요로운 땅에 매료되어 더 이상 흉노에게 적개심을 갖지 않게 되었다. 그리하여 한과 월지의 군사동맹은 성립되지 않았으나, 장건의 여행은 실크로드의 개척과 서역의 모습을 알리는 수확을 거둘 수 있었다.

한무제는 기원전 127년 위청衛靑을 시켜 흉노를 토벌하고, 기원전 121년에는 소년장군 곽거병霍去病을 시켜 기련산 아래에서 무찌른 흉노를 하서 지방에서 완전히 내쫓아 이 지역을 평정하였다. 이 사군을 연결하는 길은 중국과 서역 교류의 간선이 되었는데, 앞서 말했듯 사군은 후에 양주, 감주, 숙주, 사주로 이름을 바꾸었다. 그중 가장 서쪽에 위치한 사주, 즉 돈황은 그때부터 한족이 이민족과 접촉하는 최전선의 군사적 요충으로서 서역 지배의 거점이 되었다. 현재의 성 이름인 '감숙甘肅'은 감주와 숙주를 합하여 대표 명칭으로 삼은 것에 지나지 않는다. 이곳은 남쪽으로 기련을 베고 서쪽으로 서역을 잡고 있어 한나라 왕조 서쪽 변방의 주요한 진지였고, 중서 교통과 남북 양도를 이어주며 무역과 거래가 이루어지는 집산지이자, 동서양 문명의 정화가 모이는 중추적인 곳이었다. 한나라 때의 서역 경영은 한 편의 연극과 같다. 돈황은 한나라 정부가 연출한 연극의 무대 뒤였고, 또 정부가 서역에 대한 정책을 결정하는 눈과 귀이기도 했다. 한나라가 누란樓蘭·고사姑師를 격파하고, 오손과 연합하여 대완을 정벌하고, 흉노와 전쟁을 벌이고, 멀리 강거康居까지 원정한 것들은 모두 돈황과 밀접한 관계를 가지고 있다.

돈황과 하서 기타 지방은 모두 서북쪽 구석에 치우쳐 중원과 멀리 떨어져 있었다. 이 때문에 서진西晉 시대 8명의 황족인 사마량司馬亮, 사마위司馬瑋, 사마륜司馬倫, 사마경司馬冏, 사마영司馬穎, 사마애司馬乂, 사마월司馬越, 사마옹司馬顒이 일으킨 '팔왕의 난(八王亂)'이나 서진 말기 영가 연간에 흉노가 일으킨 '영가의 난(永嘉亂)'과 같은 여러 난리를 피할 수 있었고, 지역 내에서 오랫동안 안정적인 환경을 유지할 수 있었다. 하서 지역은 특히 돈황 불교가 흥성하였는데, 이는 물론 돈황이 비단길의 요충지로서 중국 한족이 모여 사는 곳 중 가장 먼저 불교와 접촉한 지방이었기 때문이기도 하지만, 당시의 정치적 형세와도 매우 큰 관계가 있었다. 동한 시대 이후 사회적·민족적 갈등과 계급투쟁은 날이 갈수록 첨예하고 복잡해졌으며, 16국 전란 시기에는 정권이 수시로 교체되었고, 통치자들은 새로운 사상적 도구를 찾아 백성에 대한 통치를 강화할 필요가 있었을 뿐 아니라, 통치자 자신도 스스로를 마취시키기 위해 마음속의 신령이 도와주기를 기원하였다.

하서 지방 불교의 흥성은 우선 불경 번역 방면에서 드러났다. 불교의 광범위한 전파로 인해 하서 지방에는 적지 않은 고승들이 출현했는데, 양주 사람인 보운寶雲·지엄智嚴·축도만竺道曼·도태道泰, 주천 사람인 혜람慧覽, 장액 사람인 저거경성沮渠京聲, 금성 사람인 현창玄暢 등이 있다. 그들은 주사행朱士行

과 법현法顯처럼 고난을 마다하지 않고 얼음과 눈으로 뒤덮인 곳과 황막한 사막을 걸어 서쪽으로 가 경을 구하고 성인의 유적을 참배하였다. 또 돌아올 때에는 대량의 산스크리트문이나 호어胡語불경을 가지고 왔는데, 하서 경내에 굴을 파고 절을 지어 신도를 모아 경을 강설하기도 하였고, 경전의 번역과 저술에 종사하기도 하여 불교의 중국전파와 발전에 공헌하였다.

하서 지방에서 불교가 흥성한 사실은 굴을 파고 절을 세우는 활동이 매우 활발했다는 것에서도 드러난다. 석굴로 된 절은 불교활동의 표지였는데, 초기 불교신도의 주요 일과의 하나는 좌선이었다. 즉, 석굴에서 정좌하고 고행하여 잡념을 물리치고 온 마음을 부처로 향하게 하여 해탈을 구하는 것이다. 일설에는 생전에 부단히 좌선고행하기만 하면 점점 적멸寂滅의 경지에 도달하여, 사후에 극락에 오를 수 있다고 한다. 이로 인해 석굴로 된 절은 일반적으로 모두 시끄러운 도시에서 멀리 떨어진 산간벽지에 지어졌다. 그중에는 종종 불탑과 불상이 있는 곳도 있어, 수행 좌선하는 자에게 한편으로 볼거리를 제공하고, 또 한편으로는 예불을 제공하여 최종적으로는 세속을 초월한 경지에 이르게 하였다.

하서 지방에는 석굴로 된 많은 절들이 현존하지만, 이를 다른 지방에서 찾아보기는 힘들다. 그리고 석굴로 된 절들은 비록 한위 시대에는 흥성하지 못했지만, 그 굴을 지은 연원을 추적해 보면 대부분이 16국 시기에 생겨난 것들이라는 것을 알수 있다. 『고승전高僧傳』의 「담마밀다전曇摩密多傳」에서 말하길, "담마밀다는 법수法秀라고 하며 카피사(캐시미르) 사람이다. (중략) 여러 불경에 널리 통달했고 특히 선종의 교리에 깊었다. (중략) 돈황에 와서 한가한 넓은 땅에 사원을 세우고 능금나무 천 그루를 심고, 100무畝의 동산을 개간하고, 선방과 누각, 연못, 숲을 엄정하고 조용하게 하였다. 얼마 지나 다시 양주로 갔는데, 여전히 공부公府의 옛 절에 다시 지붕을 잇고 수리하여 신도들이 몰려들었으니 그의 선업禪業이 매우 왕성했다."고 한다.

특히 유명한 돈황 막고굴은 비록 수당대에 성행하여 송원 시대까지 이르렀으나, 막고굴 제1호 석굴도 16국 시기의 것이다. 초기 불교가 돈황에서 전파된 역사로 볼 때 승려들은 절을 세우고 굴을 파서 정좌하여 수행 참선하는 것을 숭상하였는데, 이 때문에 명사산 아래 물이 흘러 감돌고 초목이 울창한 사막의 오아시스를 선택했던 것이다. 돈황은 시끌벅적한 도시로부터 멀리 떨어져 있었으며 속세인의 음식공양도 얻을 수 있었기에, 굴을 파고 참선하기에는 그야말로 이상적인 곳이었다. 돈황 막고굴 중 낙준 법사가 만들었다는 제1호 석굴을 비롯한 초기 석굴들은 현재 남아있지 않으나, 가장 오래된 석굴은 5세기 전반에 북량北凉에서 북위에 걸쳐 만들어진 굴이다. 그리고 다리를 엇갈려 앉은 유명한 미륵보살이 있는 제275호굴은 북위 초기, 정확히 말하면 북량 시기에 만들어진 듯한데, 현존하는 492개의 석굴사원 중에서는 이것이 가장 오래되었다.

제275호굴의 불상은 중국적인 분위기와는 거리가 멀다. 입

제275호굴 다리를 엇갈려 앉은 미륵보살

은 옷도 투명하며 인도 양식 그대로 표현되었던 것 같다.

그 후 돈황은 당대唐代에 이르러 안서절도사安西節度使에 의해 치안이 유지되어오다가, 안녹산의 난(755~763)으로 혼란스러워진 틈을 타 787년에 침공한 토번에게 점령당해, 70년간 토번의 통치를 받았다. 토번 통치하의 돈황은 역사서에 거의 나타나지 않았지만, 토번의 경제·사회 문서 해석을 통해 당시 돈황의 사적을 추적할 수 있다.

이후 돈황은 장씨와 조씨, 두 귀의군 시대로 접어든다. 돈황의 한인 호족 장의조張議潮(799~872)가 848년에 토번을 몰아내고 하서 지역을 당 왕실에 봉납하자, 당조唐朝로부터 귀의군절도사歸義軍節度使로 임명받아 4대에 걸쳐 약 70년 가까이 장씨가 돈황을 지배하게 되었다. 장의조는 감숙 돈황 사람으로, 돈황이 이미 토번에게 점령당한 후에 태어났다. 몸소 토번의 잔혹한 통치를 겪었기 때문에 그의 청소년 시절은 더욱 나라와 백성을 걱정하는 마음으로 가득 차 있었다. 헌종 원화 10년(815), 17세의 장의조는 「무명가無名歌」라는 시를 지어 자신의 사상과 감정을 표현하기도 했다.

천하의 난리가 그 몇 해 동안이던가, 쌀이 천금이니 사람 살아갈 방법이 없네.

성 밖에 두 고랑의 종자를 뿌렸는데, 아무리 쥐어짜도 열 한 말 세금이 안 나오네.

(중략)

무녀舞女는 뜰 앞에서 고기와 술에 질렸건만, 백성의 배 고픔을 모르네.

임금은 성 밖의 빈 곳간을 못보고, 장군은 오로지 화초만 가꾸네.

임금은 성 밖의 참혹한 모습을 보고도, 토란꽃을 버들 솜 처럼 여기네.

바다제비는 진흙을 물어다 둥지 틀고자 하나, 빈집에 사 람 없으니 도리어 날아가 버리네.

장의조가 처음 사주에서 의병을 일으킨 것은 심각한 사회 적 문제 때문이었다. 대력 원년(766)에 하서 절도사 양휴명楊 休明이 양주에서 사주로 주둔지를 옮긴 후부터 한족은 분분히 돈황으로 들어오기 시작하였으며, 사주는 금방 한인들의 하서 지역 집결지가 되어버렸다. 토번이 사주를 점령할 당시에는 사주 백성들이 결연히 투쟁하여 11년이라는 오랜 세월동안 사 주를 지켜왔다. 이리하여 사주의 한인들은 모여 살 수 있었고, 당나라의 사상과 문화, 풍속과 민풍 등을 지속시킬 수 있었다. 이러한 사회적인 기초가 있었기에 장의조가 봉기의 깃발을 올

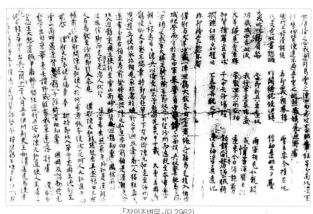

『장의조변문』(P.2962)

릴 수 있었던 것이다. 장의조가 의병을 일으킨 장면은 제156
호 석굴의 「장의조통군출행도」에 잘 나타나 있다. 그리고 『장
의조변문張議潮變文』(P.2962)에는 대중大中 10년에서 11년에
걸친 세 번의 전쟁이 기록되어 있다.

914년부터는 조의금曹議金이 귀의군 절도사가 되어, 오대
와 송에 걸쳐 120년 이상 조씨가 중앙으로부터 실질적으로 독
립된 소왕국으로서의 돈황을 다스려오다가, 1036년경 서하西
夏의 침공을 받아 멸망했다. 이때까지 돈황은 그 지리적인 환
경요인 때문에 중국 본토와는 정치, 경제, 문화에 있어 일정한
거리를 유지하고 있었다. 귀의군 시대의 돈황은 당 왕실의 보
호와 인정을 받으며 서북 민족 중에서 정통한 지위를 수립하
였으니, 돈황의 문화는 특히 불교를 중심으로 공전의 번영을
맞게 된다. 막고굴의 석굴사원도 당대에 지어진 것들이 많은

데, 이 시기에 지어진 석굴사원 내의 불상과 벽화는 모두 중국 풍이다. 인도에서 들어온 불교가 당대에 이르러 중국에 맞게 변형되어 표현된 것이다.

서하는 200여 년간 돈황을 통치하며 서장어西藏語와 한어漢 語로 된 불경을 서하어로 번역하는 사업을 진행하였는데, 이 로 인해 불교문화가 대체로 보호받을 수 있었고 석굴사원도 활발하게 만들어졌다. 1227년 서하가 칭기즈칸에게 멸망한 후 서북쪽에 대한 중국 본토의 세력이 미약해짐에 따라 해상 실 크로드가 육로를 대신하게 되었고, 동서무역의 중심점이라는 지위가 사라진 돈황은 역사상의 중요한 위치와 특수한 역할을 잃어버리게 되었다. 이후 돈황은 1280년에 원으로 편입되었으 나, 명대는 가욕관嘉峪關까지만 통치권에 두고 다른 노선을 통 해 중앙아시아와 왕래함으로써, 돈황은 변방의 황량한 사막으 로 남게 되었다. 그러나 청조가 건립되어 중원지방에 발을 들 여놓은 후, 강희제는 군사를 일으켜 서쪽 지방을 정벌하면서 가욕관 밖의 지역을 경영하기 시작하였으며, 지금의 안서·옥 문 일대에 적금赤金과 정역靖逆의 두 위衛를 설치하였다. 1723 년에 옹정제가 다시 사주소沙州所를 설치하였으며, 사주소는 1725년에 사주위沙州衛로 격상되었다. 이 사주위의 본래 성이 당하黨河 강물에 침식되어 동쪽 벽이 붕괴되자, 당하 동쪽에 다시 성을 건립한 것이 지금의 현성縣城이다. 건륭 25년(1760) 에 사주위는 돈황현으로 바뀌었으며, 안숙도安肅道에 예속되 었다. 청 왕조는 옹정에서 건륭에 이르기까지 이민, 둔전, 황

무지 개간 등의 조치를 취하여 돈황의 인구는 빠르게 증가하였으며, 사회경제 또한 점차적으로 회복되었다. 그러나 이 시기의 막고굴은 돈황 예술의 '사라지기 직전의 빛'으로 이미 황혼에 가까워졌다. 이후 벽 속에서 잠자던 돈황 관련 문서들이 1900년의 어느 날 왕원록王圓籙 도사에 의해 발견되어 비로소 세계 각국에 공개됨으로써, '돈황학'이라는 새로운 학문 분야가 탄생되었다.

돈황 막고굴 가는 길

여러 차례 역사적 사건을 겪은 돈황은 청대에 이르러 시가지가 새로 조성되었는데, 현재 볼 수 있는 시가지의 모습은 청대로부터 이어진 것이다. 그러나 현재의 돈황敦煌시는 한대의 돈황군과 정확히 같은 장소는 아닌 듯하다. 사막에 형성된 마을은 시대에 따라 자주 옮겨 다녔는데, 전란이나 재해로 마을이 황폐해지면 다른 곳으로 옮겨 다시 마을을 이루었기 때문이다. 따라서 한대의 돈황은 주변 어딘가의 모래에 묻혀있을지도 모른다. 돈황이 세계적으로 알려지게 된 것은 돈황 시내에서 동남쪽으로 20㎞ 정도 떨어진 곳에 있는 막고굴莫高窟 때문이다.

돈황은 하서河西 회랑지대 서쪽 끝에 위치하고 있으며, 감숙성 제일 서쪽에 있는 현급縣級의 시이다. 돈황은 또한 동쪽으로는 안서현安西縣에 다다르고 서쪽으로는 낙강현諾羌縣에 닿아 있다. 또한 남쪽으로는 숙북肅北 몽고족蒙古族 자치현自治縣, 아흐새(阿克塞) 하사흐족(哈薩克族) 자치현과 이웃해 있으며, 북으로는 신강 하미(哈密)시와 서로 연결되어 있다. 직선 거리로 본다면 돈황은 북경에서 2천 km, 서안에서 1,300여 km 떨어져 있으며, 동경 92.30°~95.30°, 북위 39.35°~41.35° 사이에 위치해 있고, 동서의 길이가 60~240km이며 남북의 폭은 90~190km이다. 서남풍과 동북풍이 많이 불고, 기온은 7월에서 8월에 최고 44.1℃ 정도를 기록하며 12월에서 1월 사이에는 최저 -24℃까지 내려간다. 또 풍사風沙현상이 심하여 서남풍이 불 때면 지척의 사람도 알아보지 못할 정도이다. 돈황의 북쪽으로는 소륵하疎勒河, 남으로는 당하黨河가 흐르며, 그 부근에는 기련祁連산맥이 있고 남쪽으로 삼위산三危山, 그 서남쪽으로 명사산鳴沙山이 있다. 돈황의 총면적은 31,200k㎡로서 성의 총면적의 7%가량을 차지하고 있으며, 숙북현과 아흐새 두 현보다 조금 작다. 평방킬로미터 당 평균 3.39인이 살고 있고, 한 사람 당 토지를 평균 443무씩 차지하여, 감숙성에서는 면적이 넓고 인가가 드문 지역의 하나로 알려져 있다. 돈황의 면적은 매우 크지만 오아시스 면적은 단 211만 무로 총면적의 100분의 4.48을 차지하고, 나머지는 대부분 사막과 산지이다. 그래서 돈황을 '사막의 오아시스'라고 칭하기도 한다.

주천酒泉에서 감신공로를 타고 차를 달리면 양쪽으로 황량한 고비사막이 보이다가 이윽고 녹음이 펼쳐진 오아시스 마을 안서安西에 도착하게 된다. 그곳에서 방향을 바꿔 돈황으로 가는 안돈공로로 들어선 후 110㎞ 정도 더 가면 돈황 시내에 도착한다. 막고굴은 돈황 시내에서 동남쪽으로 25㎞ 떨어진 곳으로, 버스로는 약 30분 거리에 있으며, 위산을 마주하고 있는 작은 숲 속에 있다. 굴 주변으로 가느다란 시냇물이 흐르며 주변은 온통 황량한 산으로 둘러싸여 있다.

그러나 막고굴로 바로 가려면 돈황 시내까지 갈 필요가 없는 지름길이 있다. 이 지름길에 들어서면 앞쪽으로 명사산이 보이는데, 명사산과 삼위산 사이의 계곡 서쪽에 길이가 1㎞에 달하는 절벽의 남북으로 1.8㎞에 걸쳐 엄청난 석굴사원이 있다. 돈황 석굴은 막고굴을 중심으로 한 옛 돈황군 관내의 모든 석굴을 말하는데, 막고굴, 유림굴, 서천불동, 동천불동과 다섯 개의 묘석굴廟石窟 등 총 550여 개의 동굴과 약 5만㎡의 벽화가 있다. 이러한 크고 작은 석굴 중 막고굴의 규모가 가장 크고 내용도 가장 풍부하다. 기록에 따르면 최초의 석굴 사원은 전진前秦 건원建元 2년(366)에 낙준樂僔 법사가 만들었다고 한다. 이 시기는 고구려에 불교가 처음 전해지던 무렵으로 지금부터 약 1,600여 년 전이다. 그로부터 14세기까지 약 천 년 동안 이곳에 수많은 승려와 조각가, 화가, 석공, 도공, 목공, 시주들이 드나들면서 하나둘씩 굴을 팠는데, 그렇게 만들어진 크고 작은 굴은 약 천 개가량 된다. 막고굴의 백미인 석굴이 대부분 당나라 때 만들어질 수 있었던 것은 가장 풍성했던 당나라 때의 경제적인 뒷받침이 있었기에 가능했던 것이다.

막고굴이란 이름의 유래인 '막고리'는 당대 사주 13향의 하나로 '막고향'에서 관할하던 하나의 마을 이름이었다. 학자들의 연구에 따르면, 지금의 돈황 시내에서 동남쪽인 막고굴로 가는 길의 7~8km쯤에 불야묘佛爺廟가 있는데, 묘 동쪽은 사막이었다고 한다. 그 사막의 지세가 불야묘보다 훨씬 높고 사막 위에 황폐해진 무덤들이 여기저기 널려 있었는데, 바로 이곳이 막고리의 벌판이었을 것이다. 그리고 은둔하던 처사들이 막고산에서 팠던 굴이 아마도 지금의 막고굴일 것이다. 이미 돈황에 막고향과 막고리가 있었기 때문에 부근의 벌판과 산도 막고원, 막고산으로 불렀을 것이며, 이곳에 팠던 석굴도 '막고굴'이라고 부른 것이다. 따라서 '막고'는 오아시스보다 지세가 높은 고비사막과 직접적인 관계가 있음을 알 수 있다.

혹자는 막고굴이 명사산의 깎아지른 절벽에 만들어졌으며, 명사산은 주위보다 지세가 높은데, 사막의 '막漠'자와 막고굴의 '막莫'자는 고어에서는 통용될 수 있다며 사막의 높은 곳에 판 동굴이기 때문에 막고굴이라고 불렀다고 주장한다. 또 혹자는 처음 굴을 판 낙준樂僔 법사의 도가 뛰어나 그를 따를 수 있는 사람이 없었기에 그가 판 석굴을 막고굴이라고 불렀다고 한다. 혹은 '막고'는 돌궐어에서 사막이란 뜻을 가진 말을 음역한 것으로, 막고굴은 바로 사막에 판 동굴을 지칭한다고 한다. 현재 남아있는 석굴 사원은 크고 작은 것을 전부 합해 492개인데, 이것을 모두 막고굴이라고 부른다. 이곳 사람들은 막

막고굴 외경

고굴을 보통 천불동千佛洞이라고 부르는데, 전진 건원 2년(366)에 창건된 동굴식 법당이 당대에 이미 천여 개에 달하여 천불동이라 한다는 설이 있다. 하지만 이 '천불동'이란 이름도 사실은 정확하지 않다. '천불동'은 불상이 새겨진 절벽동굴의 통칭으로서 산서성 대동의 운강雲崗, 하남성 낙양의 용문龍門, 감숙성 천수의 맥적산麥積山, 신강의 투루판, 선선鄯善 등에도 모두 '천불동'이란 명칭이 존재하기 때문이다. 오직 돈황 한 곳에만 있는 것은 서천불동과 동천불동 등이다. 그러나 스타인이 돈황에서 약탈해간 예술품을 책으로 펴낼 때, 그 책이름을 『천불동』이라고 한 후부터 '천불동'이란 이름은 막고굴만을 지칭하게 되었다.

막고굴은 천여 년 동안 자연과 인간에 의해 파괴되어왔지만, 지금까지도 16국에서 원대까지의 석굴 492개와 45,000㎡

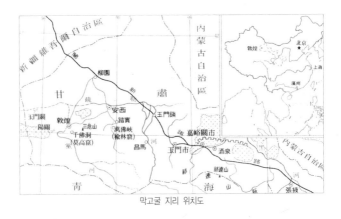
막고굴 지리 위치도

의 벽화, 채색 소조 2,300여 개, 당송 동굴 목조건축 5곳이 남아있어 세계에서 현존하는 가장 위대한 불교예술의 보고이다. 1987년에 유네스코는 이곳을 진귀한 인류문화유산으로 지정하였다.

명사산·월아천

돈황에 있는 또 하나의 명물은 고운 모래로 이루어진 명사산鳴沙山이다. 이 명사산은 돈황에서 남쪽으로 5km 떨어진 곳에 뾰족하게 솟아 있는 모래산으로, 쌀알만 한 모래와 돌이 퇴적되어 형성된 산이라고 한다. 명사산이라는 이름은 맑은 날에 이곳의 모래소리가 관현악기 소리나 수만의 병마가 두드려 치는 북과 징소리 같이 들린다고 하여 붙여진 것이다. 남북으로 20km, 동서로 40km에 이르는 거대한 모래산인 이곳은 이름 그

대로 모래결이 희고 가는
데, 그 정도가 믿기 어려
울 정도이다. 특히 명사산
위에서 바라보는 저녁 일
몰 풍경은 천하의 절경이
라 할 수 있을 정도로 아

명사산·월아천

름답다. 이 산의 동쪽 자락 절벽에는 그 유명한 막고굴이 있
다.

　월아천月牙泉은 명사산 안에 있는 초생달 모양의 작은 못으
로, 남북의 길이가 약 200m, 폭이 50m 정도다. 서쪽에서 동쪽
으로 갈수록 수심이 깊은데, 제일 깊은 곳은 5m 정도이며 물
색이 맑아 거울을 보는 것과 같다. 그리고 아침에는 햇살을 받
아 붉은빛, 낮에는 하늘빛을 받아 에메랄드빛, 그리고 저녁에
는 명사산의 모래빛을 받아 잿빛으로 변한다고 한다. 월아천
의 물은 돈황 남쪽에 솟아있는 곤륜산맥의 눈이 녹은 물이 지
하로 흘러 비교적 저지대인 이곳에서 솟아나는 것이라고 한
다. 또 매년 광풍이 불어도 이곳만큼은 좀처럼 모래에 덮이지
않아 기이하게 여겨졌으며, 예로부터 이곳에 살았던 칠성초와
같은 생물이 평생 늙지 않아 '만천萬泉'이라 불리기도 했다.
그리고 이곳에는 신선이 산다고 하여 도교사원을 지었고, 단
오날이면 근처의 사람들이 몰려와 액을 막고 장수를 비는 의
미로 명사산 정상에서부터 월아천까지 모래 미끄럼을 타는 풍
습이 있었다고 한다.

낙준 법사와 막고굴의 창건

석굴의 창건에 관해서는 여러 가지 설이 있다. 그중에는 낙준 법사와 그가 창건한 막고굴에 관한 유일한 문헌자료인 무주武周 성력聖曆 원년(698) 5월 14일에 세워진 『대주이군막고굴불감비大周李君莫高窟佛龕碑』(약칭 『성력비聖曆碑』)가 있다. 이 비문에는 다음과 같은 기록이 있다.

무주 성력 원년에 세워진
『대주이군막고굴불감비』.
약칭 『성력비』(698)

막고굴은 진 건원 2년(366)에 짓기 시작하였다. 낙준이라는 법사가 있었는데 계율을 엄격히 지키고 품성이 조용했다. 일찍이 사방을 주유하다가 이 산에 이르러 홀연 금빛을 보았는데 형상이 천불과 같았다. 그래서 바위를 뚫기 시작해 굴을 하나 만들었다. 후에 법량선사法良禪師가 동쪽으로부터 여기에 이르러 낙준 법사가 지은 굴 옆에 동굴을 만들었다. 절은 낙준, 법량 두 명의 승려로부터 비롯되었다. (중략) 옛날 진 건원 연간부터 대주 성력 연간에 이르기까지 낙준, 법량을 시작으로 건평建平, 동양東陽이 그 사적을 널리 전하였다. 그 햇수를 미루어 보면 4백여 년이며, 굴은 모두 천여 개에 이른다. 이제 승도들을 두니 숭교사崇敎寺가 되었다.

이것이 우리가 볼 수 있는 막고굴 창건에 관한 가장 오래된 자료이다. 이 자료에서 알 수 있듯이, 막고굴은 진 건원 2년(366)에 창건되었으며 창시자는 낙준 법사이다. 이 해의 어느 날 낙준 법사는 지팡이를 들고 사방을 주유하다가 돈황의 삼위산 밑에 이르렀다. 이때 이미 날은 저물고 황혼에 가까웠는데, 끝없이 펼쳐진 사막으로 해가 지고 있었다. 낙준 법사가 문득 고개를 들어 보니 기이한 광경이 펼쳐졌다. 맞은편에 있는 삼위산이 금빛으로 눈부셨는데 수많은 불상이 금빛 속에 나타난 것과 같았다. 신실했던 낙준 법사는 기이한 광경에 현혹되어 그곳이 성지라고 믿고 동굴을 만들고 불상을 새겨 절을 짓겠다고 다짐했다. 그는 곧 도처에 연락해 많은 돈을 모았고, 장인들을 데려와 사막에서 석굴을 만들기 시작했다. 이렇게 막고굴의 첫 번째 동굴은 1,600여 년 전에 이 '성지'에 출현하게 되었다.

오래지 않아 낙준 법사는 다시 사방을 주유周遊하러 떠났고, 수많은 세월이 흐른 후 법량선사가 다시 동방으로부터 이곳에 왔다. 그는 이 지방을 순례한 후 낙준 법사가 지은 굴 옆에 다른 굴을 만들었다. 그 후 불교신도들이 점점 많아져 석굴도 조금씩 많아졌다. 승려뿐만 아니라 왕공귀족과 지방의 크고 작은 관리, 부유한 상인, 일반 시민, 수공업자에서 탈적한 기녀에 이르기까지 많은 사람들이 이곳에 크고 작은 동굴을 만들었다. 어떤 동굴은 한 사람이, 어떤 것은 한 가족이나 집안, 단체에서 돈을 모아 지은 것이었다. 그들은 각자의 정치적 지위와 경제조건에 따라 보시를 하여 끊임없이 막고굴의 예술적 가치를 증가시켰다. 인도에서 들어온 불교는 돈황의 이러한 석실에서 더욱 찬란한 불교문화를 꽃피우다가, 송 초에 불경, 불상, 그림 외의 여러 문서들을 넣은 뒤 봉해졌다. 그 후로 이 석실은 완전히 은폐되어 900년간 세상과 격리되어 있었다.

과학적인 시각에서 보면 낙준 법사가 보았던 금빛과 천불은 환각의 일종이다. 그러나 우리는 오늘날에도 막고굴에서 이 기이한 광경을 볼 수 있다. 막고굴 맞은편의 삼위산은 침식되어 일부분만 남아있는 산으로, 이 산에는 초목이 자라지 않고 암석은 암홍색을 띠며 석영, 운모 등의 광물질을 함유하고 있다. 따라서 석양이 반사되면 금빛처럼 찬란하다. 영화「신기루」의 첫 부분은 이 원리를 이용한 것이다. 낙준 법사는 이런 신비한 자연현상을 이해할 수 없었고 모든 것을 '불佛'에 돌렸다. 여기에서 주목할 만한 것은 막고굴의 창시자인 낙준은 돈황 사람이고, 법량도 동쪽에서 온 사람이라는 것이다. 이는 돈황 예술이 서방에서 전해진 것이 아니라 중화민족 고유의 문화를 반영한 것이며, 중화민족 전통문화의 일부임을 말해준다.

돈황 연구의 열쇠, 막고굴 번호

돈황 막고굴에 현존하는 동굴 중 가장 초기의 것은 절벽 중

간에 집중되어 있는 북량굴北涼窟로 현재 지표면으로부터 10여m 높이에 있다. 북위·서위 때의 굴은 대부분 이 동굴들과 함께 남북으로 뻗어 있으며, 북주·수·당 시기의 굴도 기본적으로 이 규칙에 따라 뚫려 있다. 오대 이후의 굴은 주로 절벽 아래층과 남북 양단에 집중되어 있다. 그 이외의 동굴 중 일부는 절벽 면의 한계로 인해 서로 이어 붙였으며, 일부는 이전의 동굴을 파괴하고 다시 지은 것이다. 이처럼 각 시대의 동굴들이 뒤섞여 있기 때문에 동굴의 각종 번호는 연구의 편의를 위해 현존하는 동굴의 분포위치에 따라 남북, 상하 방향으로 매겨졌다. 만약 시대에 따라 번호를 매겼다면 찾아보기 불편했을 것이다.

막고굴 번호 / 현재 연구소 번호 420과 장대천 번호 C.209, 펠리오 번호 P.136

막고굴의 번호 중 중요한 것으로는 다음 여섯 가지를 들 수 있다. 펠리오Pelliot 번호와 돈황현 관청 번호, 고량좌高良佐 번호, 장대천張大千 번호, 사암史巖 번호와 돈황문물연구소敦煌文物研究所 번호가 그것이다. 그중에서도 펠리오 번호('P'로 표시)와 장대천 번호('C'로 표시), 돈황문물연구소 번호('A'로 표시)가 영향력이 가장 크며 지금까지도 여전히 쓰이고 있다.

벽 위의 도서관, 막고굴 돈황벽화

돈황 벽화는 돈황의 석굴예술을 구성하는 중요한 부분이다. 막고굴은 현재 45,000㎡의 벽화를 보존하고 있으며, 그 내용 또한 아주 풍부하여 프랑스인들에 의해 '벽 위의 도서관'이라고 불렸다. 돈황의 벽화는 불교 관련 벽화가 대부분인데, 그중 주요한 것 몇 가지를 살펴보겠다.

불상화

불상화佛像畫란 불타, 보살 등 신령을 모시는 형상으로 석가모니불, 삼세불, 칠세불, 십방제불十方諸佛, 현겁천불賢劫千佛 등의 불상화가 있고, 관음, 대세지大勢至, 문수, 보현, 미륵,

지장 등의 보살상도 있으며, 천왕, 용왕, 약차藥叉, 건달바乾闥婆 등의 천룡팔부天龍八部도 있다. 통계에 따르면 현존하는 각종 불상은 12,208기이며 설법도는 933폭으로, 불교에서 숭배하는 여러 가지 신상을 묘사하고 있다.

불경에서 말하는 불과 보살은 모두 남성상이지만, 중국에 전해진 후 여성의 아름다움과 온유한 성격에 대한 흠모, 특히 모성애에 대한 숭배로 인해 보살은 당대에 이르러 점차 여성의 모습으로 변했다. 비록 일부는 아직도 입가에 올챙이 모양의 수염이 있지만, 풍만한 얼굴과 춤추듯 부드럽고 아름다운 자태, 부드럽고 조용한 표정은 전형적인 여성미를 반영한 것이다. 화가들은 보살을 그릴 때 궁중의 미녀들을 모델로 삼아 여성미를 충분히 표현하였다.

고사화

불전고사화佛典故事畵는 불경고사에 근거하여 그린 연환화連環畵(여러 장의 화면으로 꾸민 연결식 그림책)이다. 고사는 곡절이 많고 시작과 결말이 있기 때문에 관중을 끌어들이는 강한 흡인력을 가진다. 불전고사는 불교의 창시자인 석가모니의 생애와 사적을 다룬 고사이다. 초기 돈황 벽화에는 완전한 불전고사화는 없었고, 코끼리를 타고 임신하는 장면과 야밤에 성을 넘는 장면 두 폭이 대표적이었다. 북주 시기에야 완전한 연환화식의 불전고사화가 여러 폭 출현했는데, 예를 들면 제

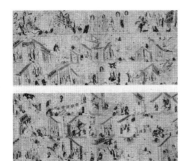

제290호굴 「불전고사화」

290호굴에 여섯 줄로 병렬된 「불전고사화佛傳故事畵」는 길이가 25m에 달한다.

이 벽화는 87개의 장면을 묘사하고 있으며 앞뒤가 연결되어 일관성을 지니고 있는데, 중국에서 현존하는 가장 완전한 초기 전기 연환화이다. 그리고 오대와 송초, 조씨화원曹氏畵院 시기의 불전고사화는 병풍형식으로 130여 개의 장면을 묘사하였고, 일부 새로운 내용을 추가하여 불전고사의 내용을 더욱 풍부하게 하였으며 중국적인 색채가 짙어졌다.

본생고사화는 석가모니가 전생에 행했던 여러 가지 선행을 묘사한 연환화이다. 아홉 가지 색깔의 사슴이 사람을 구해준 이야기와 살타薩埵가 호랑이에게 먹힌 이야기, 시비왕尸毗王이 살을 베어 비둘기와 바꾼 이야기는 종교적인 낙인이 찍혀 있지만, 인도 민간고사의 면모를 보존하고 있다. 불교의 영혼불멸, 인과응보, 윤회전생의 사상에 따라, 석가모니는 전생에 많은 선행을 하고 다시 태어났기 때문에 나중에 부처가 될 수 있었다는 것이다. 그래서 불교신도들은 석가모니의 전생을 백성들에게 선행을 베푸는 국왕, 왕자, 현인, 군자로, 또 동물 중에서는 사슴왕, 원숭이왕, 코끼리왕, 사자왕 등으로 묘사하였다. 사실 그 목적은 석가모니를 보통사람과 다른 신성한 존재

31

로 만들기 위한 것으로서, 수많은 아름다운 신화와 동화, 그리고 민간고사를 석가모니와 연결시켰다. 아울러 이런 고사의 앞뒤에 말을 보태어, 이야기 속의 착한 인물이 바로 불교의 보살이나 그 조상, 혹은 친척이나 부처를 따르는 제자라 했고, 사악한 인물은 부처의 숙적이나 다른 종교의 신도라고 하였다.

인연고사화는 불타가 중생을 불문으로 이끈 것을 묘사한 연환화이다. 이는 본생고사와 다음과 같은 차이점이 있다. 본생은 석가모니의 전생 이야기만 다루고 있지만 인연은 불문제자나 선남선녀의 전생이나 금생을 이야기하고 있다. 인연고사로는 사미沙彌가 계율을 지켜 자살한 이야기, 5백 명의 강도가 성불한 이야기, 리기미犁耆彌의 일곱 번째 아들이 부인을 얻은 이야기, 금재金財가 두 손으로 금전을 바친 이야기, 페르시아익왕匿王의 추녀가 미인으로 변한 이야기 등이 있다. 이는 돈황 벽화에서 가장 재미있는 내용으로, 일부는 내용이 기이하고 줄거리가 복잡하며 극적이다.

비유고사화란 석가모니가 심오한 불경 교리를 불문제자와 선남선녀들에게 알기 쉽게 설명할 때 인용했던 고사를 그린 연환화이다. 돈황 벽화 중에서도 몇 안 되는 이 비유고사에는, 굶은 늑대가 계율을 지킨 이야기, 사슴 모자의 이야기, 귀신 모자의 이야기, 코끼리가 보호하는 이야기 등이 있다. 이런 비유고사화에는 불교를 설교하는 내용도 있지만 우의寓意가 아주 깊다. 그중 대부분은 석가모니가 태어나기 전에 이미 사람들에 의해 창작되어 민간에서 구전된 이야기들이다.

경변화

불경을 토대로 한 모든 그림을 경변經變이나 변상變相이라 하는데, 여기에서는 하나의 '경'을 한 폭의 그림으로 그린 거대한 경변을 가리킨다. 각각의 경변은 줄거리의 많은 변화를 담고 있다. 막고굴에 있는 주요한 경변 중 「유마힐경변維摩詰經變」은 '유마변 14품' 중 '문질품問疾品(유마힐이 꾀병을 부려 문병 온 문수보살과 논쟁을 하는 대목)'을 그림으로 표현해놓은 것인데, 초당대에 건립된 것으로 알려진 제220호굴 동쪽 벽의 것이 흥미롭다.

이 경변에는 유마거사의 신통력을 드러내는 장면과 당시 제왕이 출행하는 장면, 각국의 사신이 회합에 출석하는 장면이 함께 묘사되어 있다. 동쪽 벽은 입구에 의해 좌우로 나뉘어 있어 병문안을 온 쪽과 문안을 받는 쪽이 서로 마주보도록 배치되어 있다. 이는 일반적인 좌우대칭 구조로 한쪽에는 유마거사를, 한쪽에는 문수보살을 배치하고, 유마거사 아래에는 각국 사신을, 문수보살 아래에는 제왕을 배치하였다. 또한 병을 핑계 삼아 호상胡牀에 앉아 부처의 제자들과 함께 육신의 고통 및 그 환상에 대해 논쟁을 벌이는 유마거사의 모습을 매우 생동적으로 묘사하고 있는데, 문수보살 아래쪽에는 황복을 입고 많은 시종을 거느린 중국 황제가 있고, 유마거사의 아래에는 공양자로서의 외국사절이 묘사되어 있다. 여기에 한국인의 특징인 조우관鳥羽冠을 쓴 인물들이 있어 우리를 놀라게 한다. 문수보살 아래에 있는 제왕과 마주보고 있는 사절들 중 두 번째 줄 가운데에는 한민족이 반측면의 자세로 서 있다. 모자에는 두 개의 조우를 꽂고 있으며, 대수大袖의 윗저고리 밑에는 통이 넓은 바지를 입고 있다. 삼국 시대의 정확히 어느 나라에 속하는지는 가늠하기 어려우나, 그가 한민족이라는 사실만은 틀림없다. 이처럼 한민족이 묘사된 또 하나의 작품으로는 이보다 40여 년 뒤진 초당기 제335호굴의 「유마힐경변」을 들 수 있다.

　제335호굴의 경변은 북벽의 문수보살과 유마거사의 두 존재를 바로 이웃하여 좌우 대칭구도로 배치한 특징을 가지고 있다. 우측 화면의 유마거사 아래에는 앞에서 본 유마힐경변의 도상 그대로 일련의 외국 사절들이 서 있다. 다만 얼굴이 산화되어 검은 빛으로 변해 있으나, 이 중 맨 끝줄 좌측에서 조우관을 쓴 두 인물을 찾아낼 수 있다. 원추형으로 생긴 관모의 양쪽으로 각각 조우가 솟아 있고, 그 관모를 고정시키는 끈이 귀를 지나 턱까지 내려와 턱 밑에서 매듭을 짓고 있다. 이는 제220호굴에 묘사된 조우관과 별 차이가 없으므로 전해지는 모본을 참고하여 그린 것으로 여겨진다. 이러한 벽화의 조성경위에 대해서는, 당시 돈황의 화가들이 만인의 공양자를 원하는 종교적 입장에서 한국인을 외국 사절 속에 따로 집어넣었을 가능성과 함께 신라승들과의 왕래를 통해 생긴 한국인에 대한 각별한 인식을 반영했던 것이 아닌가 하는 추측이 가능하다. 또 혹자는 조우관을 쓴 사람이 신라인인지 아닌지 또

제335호굴 「유마힐경변」

는 삼국인이 이곳 돈황에 왔었는지 아닌지는 중요하지 않으며, 이는 단지 각국 사신도의 형식으로 다양성을 주기 위한 표현형식에 불과한 것이라고 보기도 한다.[1] 이처럼 문헌에서 볼 수 없는 많은 역사적 사실들이 벽화에 나타나기 때문에, 벽화의 내용은 역사의 공백을 메워주는 언어의 구실을 한다고 할 수 있다. 따라서 이는 문헌자료의 한계를 덮어주는 좋은 예가 될 것이다.

그 밖에 특이한 작품으로는 조씨 귀의군 시대에 그려진 제61호굴의 「오대산도五台山圖」가 있다.

오대산도는 돈황 벽화 중 최대의 산수화 면으로, 현실과 상상을 진일보하여 결합시키고, 조감식 투시법을 사용해 중첩된 봉우리, 천리에 걸쳐 이어진 산천경치와 풍토 인정 등을 한 벽

에 모았으니, 기세가 드높고 인물의 모습이 진실하며 생동적
이다. 또 화면상의 다양한 사회생활 장면은 당시 사회를 연구
하는 데 풍부한 역사적 자료를 제공해준다. 막고굴의 경변화
는 수나라 때 시작되어 당나라 때 성행했고 오대 이후에 점차
쇠락했는데, 통계에 의하면 그 수가 총 24종 1,055폭에 이른
다고 한다. 당나라 전기의 각종 경변은 형식이 다양하고 주제
가 뛰어났으며, 그 당시의 역사를 함축적으로 그려내고 있다.

불교사적화

사적의 기록에 의해 불교의 역사적인 인물과 사건, 불교성
지와 감응고사, 계율화, 서상도瑞像圖 등을 묘사한 것이 불교사
적화이다. 초당 시기의 제323호굴은 불교사적고사가 가장 많
이 그려진 동굴로, 주실主室의 남쪽 벽과 북쪽 벽에 8개의 불교
사적 고사가 그려져 있다. 8개의 고사는 「장건출사서역도張騫
出使西域圖」「석가완의쇄의석釋迦浣衣曬衣石」「불도징변현신이佛

圖澄變現神異」「아육왕배탑감응사阿育王拜塔感應事」「강승회건
강헌사리康僧會建康獻舍利」「주응오송강영석불朱應吳松江迎石佛」
「고이양도득금상高悝揚都得金像」「수문제청담연기우隋文帝請曇延
祈雨」이다. 이 중 북쪽 벽 좌측 구석의「장건출사서역도張騫出
使西域圖」에는 한무제가 감천궁甘泉宮에서 흉노가 하늘에 제를
지낼 때 쓰는 '제천금인祭天金人'(후대인들은 불상이라고 해석하
기도 함)에게 예배하는 모습과 한무제가 장건의 서역 출사를
배웅하는 모습, 장건 일행이 서역의 대하국大夏國에 도착하여
승려들의 영접을 받는 모습이 그려져 있다.

그림 옆에 있는 설명을 보면, "한무제가 흉노를 토벌하고
두 개의 금인을 빼앗았는데, 그것을 감천궁에 모셔놓고 신에
게 수시로 제를 올렸다"고 적어놓고 있다. 장건 시대라면 아
직 중국에 불교가 전해지기 전이었는데, 불교사적화는 대부분
본토에서 만든 것이지만 서역과 인도에서 전해온 것도 있다.
비록 진위가 섞여 있고 일부는 이미 불교신도들에 의해 신격
화되어 종교적 색채가 짙지만, 불교의 역사와 중국과 인도의
문화교류사를 연구하는 데에는 귀중한 자료가 된다.

제323호굴「장건출사서역도」

공양인 화상

　공덕상은 돈을 내고 동굴을 파고 불상을 조각한 시주를 위해 그린 상이다. 그림의 주인공은 왕공대신, 지방관리, 귀족부녀자, 각 민족 시주, 기생, 노비 등이다. 그림의 크기는 모두 다른데 20~30㎝의 작은 것도 있고, 크기가 실물과 같거나 실물보다 큰 그림도 있다. 그중 가장 이른 시기에 그려진 제156호굴의 「장의조통군출행도張議潮統軍出行圖」가 유명하다.

　이 출행도는 당시 그곳의 역사적 인물의 활동을 반영한 벽화이다. 모두 실존했던 인물로서 역사를 진실하게 반영하고 있으며 그 내용은 종교와 무관하다. 당 의종 함통 6년(865)에 창작된 이 벽화 옆에는 "하서절도사 검교사공檢校司空 겸 어사대부인 장의조가 군사를 거느리고 토번을 제거하여 하서를 수복한 출행도"라고 적혀 있다. 이 벽화는 높이 1.2m, 길이 6m

제156호굴 「장의조통군출행도」

로 당대 공양인의 화상 중 가장 빼어난 작품이다. 매 폭의 그림 안에는 등장인물이 백여 명이나 되고 장면도 웅장하며 구조가 근엄하여 장의조가 출행할 당시의 역사적 장면과 인물의 풍모를 여실히 반영하고 있으며, 아울러 출행의 주제사상도 부각시켰다. 이는 서북 지방의 역사와 귀의군歸義軍 역사 연구에 커다란 참고 가치를 지닌다.

장식도안

제329호굴 천장의 비천

동굴의 건축물 장식으로는 조정藻井(무늬로 장식한 천장), 평기平棋(바둑판 장식), 감미龕楣(감실에 가로 댄 나무), 원광圓光(둥근 거울), 보좌寶座, 양탄자, 탁자, 관복, 기물 등이 있는데, 그중 가장 뛰어난 것은 조정과 평기이다. 이중 천장화인 조정藻井의 대표적인 예로는 제329호굴 천장의 비천飛天이 유명하다.

풍부하고 다채로운 돈황 채색소조

돈황 채색소조의 발전과 변화 과정은 대체적으로 초기, 중기, 말기의 세 시기로 나눌 수 있다. 초기(발전기)는 북위·서위 시기이고, 중기(극성기)는 수·당 두 시기이며, 말기(쇠락기)는 오대·송·서하·원 시기이다. 동굴 중앙에는 주로 불상인 각종 소상塑像(찰흙으로 만든 형상)이 안치되어 있는데, 그중에는 미륵보살 같은 거대한 소상도 있고, 일부가 파손되거나 손상된 것도 있다. 그리고 벽면을 파거나 동굴 일부를 막아서 만든 하나의 감실龕室에 여러 가지 소상이 놓여 있는 경우도 있다.

북위 효문제孝文帝가 정치제도를 개혁하기 전인 막고굴 초기의 소상은 인물의 얼굴이 대부분 둥글거나 풍만하며 조금 길고, 콧마루는 높이 솟아 이마 가장자리에 이르렀고, 눈썹은

제259호굴 북위시기의 좌불

길고 눈은 튀어나왔으며, 어깨는 넓고 가슴은 평평했다. 불상
은 오른쪽 어깨를 드러내거나 어깨에 두르는 붉은 승려복을
입고 있는데, 옷에는 촘촘한 무늬가 새겨져 있어 사람들에게
얇은 비단이 투명하게 비치는 듯한 느낌을 주었다. 제259호
굴에 있는 북위 시기의 좌불坐佛이 그 좋은 예이다.

예술의 전체적인 풍격에서 보면 이 시기의 소상은 자태가
건강하며 아름답고, 표정이 엄숙하며 색채가 명쾌하고, 조형
이 웅장하고, 수법이 간결하며 소박하여 중원 지방의 전통적
인 조각예술의 영향을 받았음을 알 수 있으며, 서역 불교예술
의 아름다운 풍채도 엿볼 수 있다.

서위 때부터 채색소조의 주요한 형상은 갸름한 얼굴과 성
긴 눈썹, 맑은 눈, 날씬한 몸매, 작은 눈, 얇은 입술을 특징으
로 하고 있다. 서위의 제285호굴에 있는 선승禪僧은 이런 형
상을 구체적으로 그려내고 있다.

  수대의 채색소조는 동방인의 표준체형을 보여준다. 하지만 머리가 크고 체격이 웅장하며 하체가 굵고 짧은, 대형 채색소조로 만들어진 새로운 조형도 출현했다. 일부 소상은 높이가 4~5m에 달하는데, 동굴 높이와 인신 거리의 제한 때문에 작자는 일부러 머리 부분과 상체의 비중을 높이고 위에서 아래로 경사지게 하였다. 그리하여 땅에 엎드려 부처를 알현하는 사람들이 부처의 얼굴을 바라볼 때 장엄하고 엄숙한 느낌이 들게 하였다. 그리고 이렇게 함으로써 종교적인 분위기를 짙게 하고 대형 조각품의 표현력을 강조했다. 천왕, 역사力士의 조각상은 머리 크기가 곡식을 담는 되와 같고, 몸체와 두 팔은 생리적인 한계를 벗어나 과장되었지만, 그 위풍과 용맹한 기세는 조금도 손상되지 않았다. 제407호굴은 수나라 때 동굴 중 가장 규모가 큰 것으로, 소상 28점이 있다.

  당대의 채색소조는 그 규모나 수량, 제재의 범위와 예술적인 성과에 있어서 모두 전례가 없던 것들이었다. 그중에서 가

장 주목을 받는 것은 두 점의 큰 불상인데, 바로 북대상北大像
(제96호굴)과 남대상南大像이다.

돈황의 대형 소상의 출현은 당 전기의 정치·경제와 밀접한
관계가 있다. 측천무후가 황위를 탈취한 후, 자신을 황제라 칭
하고 연호를 바꾸기 위하여 의법랑意法朗과 설회의薛懷義 등
10명의 승려에게 '성대한 황제의 명을 받드는 사업'으로 재초
載初 원년(689)에 『대운경소大雲經疏』를 짓게 하였다. 여기에는
미륵보살이 중생을 구제하는 여자의 몸으로 변했다는 뜻의
"염부閻浮를 틀어쥐고"나 "왕사王嗣를 계승하고" "왕토王土를
담당하고" "여왕이 정통을 계승하니, 위엄이 천하에 드리운
다."는 말이 나오는데, 이는 곧 측천무후가 황제가 되어야 한
다는 것을 의미한다. 측천무후는 『대운경』을 받은 후, 진귀한
보물을 얻은 것처럼 전국에 영슈을 내렸다. 여러 주에 각각 대
운사大雲寺를 짓게 하고, 아울러 『대운경』을 전국의 절에 각
한 권씩 소장시켜 높은 자리에 올라 강설할 것을 반포한 동시
에 당唐을 주周로 개칭하였다.

돈황 북대상은 측천무후의 불교에 아첨하는 일련의 행위와
불가분의 관계에 있다. 당 함통 6년(865) 정월15일에 쓴 『막고
굴기莫高窟記』(P.3720)에는 "연재 2년에 이르러 선사禪師 영은
靈隱은 거사 음조陰祖 등과 함께 북대상을 만들었는데 높이가
140척이다."라고 쓰여 있다. 아마도 이 굴이 바로 돈황 필사본
중 나오는 '대운사'일 것이다. 북대불전은 막고굴의 상징과도
같은 9층 누각으로, 그 내부에는 33m 높이의 미륵불(북대상)이

43

『막고굴기』(P.3720)

있다.

북대상은 세계에서 가장 큰 석불인 낙산대불과 비교해 볼 때, 규모로는 뒤지지만 예술성은 훨씬 뛰어나다. 낙산대불은 우뚝 솟아 있어 기세가 웅장하며 큰 윤곽의 형식미가 뛰어나지만 원형을 갖추고 있을 뿐임에 반해, 돈황 북대상은 형상이 진실하고 정제되게 빚어져 있어서 사실적이면서도 화려한 풍격이 두드러진다. 소상의 면모로 보자면, 세계에서 가장 완전한 모습으로 보존되어 있고 규모도 가장 큰 걸작인 것이다.

이러한 북대상과 함께 남대상南大像도 있다. 『막고굴기』에는 "개원 연간에 승려 처언處諺과 마을 사람 마사충馬思忠 등

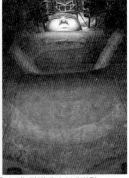

제96호굴 북대불전(막고굴 9층 누각) 전경(좌)과 북대상(우)

이 남대상을 만들었는데 높이가 120척이다."라고 쓰여 있다. 바로 제130호굴 내부에 있는 26m 높이의 미륵불(남대상)을 말하는 것이다. 오른손이 나중에 더해진 것 외에는 기본적으로 원형이 보존되어 있고 비례

제130호굴 미륵불(남대상)

도 적당하며, 건장한 체구에 곡선의 눈썹과 풍만한 턱, 신비스런 모습과 장중함 등이 성당의 풍격을 충분히 드러내고 있다.

열반상涅槃像은 당대에서 규모가 가장 큰 군상群像이다. 이태빈李太賓이 대력 11년(776)에 세운 제148호굴의 열반상은 길이가 16m에 달하며 오른쪽으로 누워있는데, 부처를 둘러싸고 있는 '72명의 제자' 중에는 보살과 천룡팔부, 십대제자와 각국의 신도들이 있다. 제158호굴에 있는 토번 시기의 열반상은 제148호굴에 있는 것과 크기가 비슷하여 길이가 15m에 달하지만, 주위의 신도들은 모두 벽화에 그려져 있다. 이 열반상은 조형이 단정하고 잠자는 자태가 평온하여 죽음을 맞이한 고통이나 세상에 대한 미련은 찾아 볼 수 없으며, 잠자는 미인의 자태와 흡사하다.

당대 승려들은 사회적 지위가 매우 높았다. 돈황 채색소조에도 소수의 고승들의 초상이 있는데, 제17호굴인 장경동藏經洞에 있는 홍변은 막고굴에 현존하는 여러 고승들의 초상 가

제158호굴 열반상

운데 가장 훌륭하다. 얼굴이 속인과 같으며 신채가 늠름한데,
이는 채색소조 초상예술의 걸작이다. 작자는 함축적인 눈빛과
꽉 다문 입술, 얼굴에 있는 가느다란 주름으로 이 고승의 깊은
내면세계를 그리고 있다.

세계를 놀라게 한 대발견, 장경동

　11세기 어느 날, 누군가가 돈황 막고굴의 한 동굴에 문서를 넣고는 밀봉했다. 그리고는 수많은 세월이 무심하게 흘렀는데, 이곳이 바로 장경동藏經洞, 즉 막고굴 제17호굴이다. 막고굴의 북쪽 끝에 있는 3층 누각 전실 제1층에 제16호굴이 있고, 이 위로 제365호굴과 366호굴 등이 뚫려있다. 제16호굴은 사각형 전실과 연도, 그리고 사각형 본실本室로 구분되어있다. 전실이 10×3m, 연도가 폭 3m, 본실이 10×10m의 규모로 돈황 석굴 중에서는 대형에 속하는데, 본실의 중앙에는 높이가 3m나 되는 거대한 소조상이 봉안되어 있고 벽면과 천장도 온통 벽화들로 가득하다. 전실에서 연도로 들어서자 오른쪽 벽면에 사각형 문이 보인다. 여기에 '017'이라는 번호가 붙어있는데,

이는 곧 제17호굴을 뜻한다. 이 굴은 따로 있는 것이 아니라 제16호굴로 들어가는 통로의 오른쪽에 있어 마치 제16호굴에 딸린 부속굴처럼 보인다. 그 석굴 속에서 약 5만여 권의 경전과 유서들이 발견되어 세계를 떠들썩하게 만들었고, 각국의 위대한 탐험가(약탈자)를 탄생시켰으며, 이로 인해 세계적으로 새로운 학문인 '돈황학'이 만들어졌다. 지금 우리가 말하는 돈황유서는 주로 1900년에 장경동에서 발견된 대량의 유서들을 가리키는 것이다. 그러니까 돈황 장경동 유서의 발견은 지금으로부터 백 년이 좀 지났다.

장경동이 발견된 경위는 매우 극적이었다. 1900년(청 말 광서 26), 호북성 출신 도사 왕원록王圓籙(1849~1931)이 이곳에

찾아와 그동안 돌보지 않아 흙모래에 묻혀있는 석굴을 보고 이를 관리하기 시작하였다. 하루는 왕원록 도사가 굴을 보수하려고 굴 한쪽에 쌓여 있던 모래를 쓸어냈는데, 그때 굴 입구 변 한쪽의 벽화가 그려진 벽에 금이 하나 생겼고, 이 벌어진 틈으로 막대기 같은 것을 찔러 넣으니 깊이 들어가는 것이었다. 이어 도사는 흙으로 봉해진 작은 문이 있는

제17호굴(장경동) 발견자 왕원록

것을 발견하였다. 그가 작은 문을 열어보니 안에 한 칸의 석실이 또 있었는데, 겨우 한 사람 정도 들어갈 수 있는 크기였다고 한다.

장경동의 1900년 발견설은 현재 학계에서 공인된 것으로, 『중수천불동삼층루공덕비기重修千佛洞三層樓功德碑記』에 자세한 경위가 나와 있다. 광서 32년(1906)에 세워진 이 비는 나무로 음각하여 삼층 건물 아래 동굴에 새겨졌으나, 지금은 제16호 굴 남쪽 벽의 가운데 길에 있다. 비의 높이는 230cm, 너비는 89cm이다. 『공덕비기』의 전문은 아래와 같다.[2]

삼위산은 돈황이 바라보이는 산으로, 그 서쪽 기슭에 천불동이 있다. 여러 지리서를 살펴보니 바로 옛 뇌음사雷音寺인데, 어느 시대에 창건되었는지는 자세하지 않다. 사찰은 당대에 지어졌는데, 비석에 기록되길 중수되었다고 한다. 오랜 세월이 지나 지금에 와서는 고찰하기 어렵다. 하지만 깊은 절벽과 골짜기 사이에 바위를 뚫고 돌을 뚫어 불상 만여 개를 창건하였다. 혹은 보좌를 장식하여 만들고, 혹은 석벽에 벽화를 그리니, 그 색과 모습이 장엄하고 찬연히 매우 훌륭하여 그해에 서역에서 불도를 닦은 성대함을 증명하기에 족하다. 후에 전화戰火에 유린되어 불상들이 여러 차례 파괴되었고, 감실들도 모래에 뒤덮여 기울어져 쓰러지고, 계단도 다 끊어져, 반연攀緣에 미치지도 못했다. 천여 년 후에 옛 자취를 거슬러 올라가 보니, 매번 사람으로 하여금 감개

한 느낌을 갖도록 하기에 족하다. 그러나 흥한 것이 폐하지 않고, 폐한 것이 다시 흥함은 더욱 사람에게 달려 있을 뿐이다. 정유년丁酉年에, 읍邑의 종9품 대군戴君 봉옥奉鈺이 이어서 수리할 것을 먼저 제창하고 여러 사람들의 자금을 모아 어렵고도 큰 공정을 진행하니, 그 마음 씀이 유독 성실하도다! 처음에 대웅전을 짓고, 이어 대사大士들의 궁을 홍건하니, 과거의 황량한 사찰로서 비바람도 가리지 못했으나, 이제는 동굴집들이 높이 치솟아 있어, 바라보고 있으면 문득 더욱 경앙景仰하게 된다. 만약 정성을 다해 고친 것이 아니라면 5~6년의 기간으로는 그 공을 이루기 어려웠을 것이다. 악성鄂省의 도사인 원록이 다시 선을 즐기는 마음을 넓힐 수 있었으니, 고달픔을 사양하지 않고, 별보기와 서리 맞기를 피하지 않고, 북쪽일대의 불동佛洞의 고적함을 두루 돌아보다가 모래에 파묻혀 버린 것이 많음을 보고서는 모래를 걷어 내고 동굴을 열고자 발원하였다. 경자년 이른 여름에 새로이 동굴 벽을 북쪽으로 열고 다시 겹굴을 파내었더니, 그 안에 불가의 전적이 가득 차 있었고, 동불상銅佛像이 가득 들어차 있었으며, 옆의 비문은 당 대중 5년 사문 홍변이 세웠다고 하였다. 정사를 참고하면, 건중 2년 사주가 토번에 함락된 후 70년이 지나 자사 장공 의조가 바로 대중 5년에 과瓜·사沙 등 11주를 수복하여 당에 귀속시켰다. 마침내 사주를 귀의군으로 고치고, 의조를 절도사로 삼았다. 대중으로부터 지금에 이르기까지 다시 천여 년이니, 이것을 보면 원록의 외로운 뜻으로 벽화를 깨뜨려 우리 고장 사람들로 하여금 천여 년간 버려졌던 유물을 처음 보게 하였으니 이 또한 특이하다. 원록이 장경불감을 재어서 3층 건물을 세웠으나 여전히 대봉옥이 제창하고 진작시킨 데에 귀속하였으니, 사원의 모습이 환하게 새롭다. 준공 후 나에게 붓을 휘둘러 나무판에 새기기를 청한다. 삼가 그 대강을 약술한다. 만약 빛나는 위대한 업적이 크고도 오래 간다면, 두터운 희망이 계속 일어날지어다! 이에 기록한다.[3]

이 비석에 기록된 '경자년 초여름(庚子孟夏) 발견설'은 왕도사의 입에서 나왔을 가능성이 있는데, 왕도사가 일찍이 스스로 삼층 건물을 짓는 일에 참여하였기 때문에 비교적 믿을 만한 설이다. '1900년 발견설'은 왕도사의 『최모경관초책催募經款草冊』(『왕도사천소王道士荐疏』라고도 함)의 도판에도 나와 있다. 이 이야기는 담홍색 종이에 먹물로 기록되었는데, 현재 돈황 연구원에 소장되어 있다. 『초책草冊』은 왕도사의 이름으로 쓰인 것으로, 예산 집행을 독촉하기 위해 상부에 보고한 것이다. 그는 『초책』에서 다음과 같이 말하고 있다.[4]

호북성 마성현 사람으로 현재 돈황 천불동 주지인 왕원록은 삼가 머리를 조아려 절합니다. 하늘의 은혜로 활불活佛의 보대좌寶臺座 아래 삼가 아룁니다. 이는 감숙성 돈황 옛 군이군迪郡의 동남방으로서, 성과는 40리 떨어져 있으며 예부터 천불동이 있는데, 옛 이름은 황경사皇慶寺이고, 그 동굴은 석산의 옆에 있는데, 안에는 석불·석굴·진흙으로 빚은 불상이 있는데, 모두 수만 가지의 모습입니다. 선대인 당송시대에 중수한 것은 비문으로 증명됩니다. 본조 광서光緖 연간에 들어 빈도가 이곳 돈황에 와 불사에 참배하고 가까이에서 동굴의 불상을 보니 매우 심하게 파괴되어 있습니다. 선대의 비적匪賊들이 불사르고 파괴한 것으로서, 빈도는 모금으로써 보수하기를 서원誓願하였습니다. 26년 5월26일 이른 새벽에 갑자기 하늘이 진동하면서 산에 균열이 생기기에, 빈도가 일꾼들과 함께 괭이로 파보았더니 불동 한 군데가 환하게 나타났으며, 안에는 석비가 하나, 윗부분에 대중 5년의 국호가 새겨져 있었고, 대덕大德 오진悟眞의 이름이 있었으니, 그는 삼교의 존대법사尊大法師였습니다. 안에는 고경 만권이 소장되어 있고, 주를 단 번역경 가운데 『인도경印度經』『연화경蓮花經』『열반경涅槃經』『다심경多心經』은 그 경의 이름과 종류가 꽤 많았습니다. 33~34에 프랑스에서 건너온 학사 펠리오와 교육대신 스타인 두 사람이 돈황에 왔다가 친히 천불동에 와서 불경 만권을 청해 가지고 갔습니다. 다른 날 다시 천은天恩을 입어 은銀 일만 냥을 하사하신다 하는데, 그 말은 가까이에서 들리나 아직 그 돈을 받지는 못하여 불사佛事를 완성할 수가 없습니다. 작은 현에서 여러 해 모금을 하여 오늘에 이르기까지 사원을 창수하고 불상을 수리하였으며, 누전樓殿 등을 중수하는 비용이 은 이만 냥을 넘었습니다. 경비에 도움이 되고자 청천靑天 불조佛祖 전감電鑒에 머리 숙여

간청하며 특별히 붉은 종이에 초초(草草)해 올려 삼가 아룁니다.

『초책』은 장경동의 발견시기에 대하여 매우 구체적으로 언급하고 있는데, 1900년 5월 26일에 발견되었다고 하여 '경자년 초여름 발견설'과 들어맞는다. 게다가 펠리오와 스타인 두 사람이 불경 만권을 '청'해간 일을 언급하고 있는데, 이 일은 1908년이 얼마 지나서 쓰인 것으로, 마땅히 믿을 만하다고 하겠다.

왕도사는 이렇게 발견된 자료가 가치 있는 것일지도 모른다고 생각하여 현장(縣長)에게 보고하였고, 현장은 감숙성의 지방관인 섭창치(葉昌熾)에게 보고하였다. 섭창치는 권자사본의 가치를 인식하고 그 모두를 난주로 옮겨 보관하려고 하였으나, 감숙 총독이 수천 냥의 운임(運賃)비 지출을 거부하여 석굴 안에 그대로 둘 수밖에 없었다. 그리고 1904년 3월, 돈황현의 왕종한(王宗瀚) 지사는 왕도사에게 고서들을 전부 점검하여 동굴을 그대로 다시 봉해두라고 명했다. 그리하여 왕도사는 벽돌로 이 보고의 입구를 다시 봉해버렸는데, 법적으로 말하자면 그때부터 이 문물은 이미 중국 정부의 재산으로 왕도사에게는 팔아넘길 권리가 없었다. 하지만 왕도사는 이 고서의 가치를 알아내고자 약간의 경권(經卷)을 가지고 주천(酒泉)으로 나가, 당시 안숙도(安肅道) 도지사인 만주 사람 정동(廷棟)에게 보고했다. 그러나 정동 역시 중국 고전에 대한 지식이 없어 무관심했으며, 글자를 읽을 줄 몰랐던 왕도사는 그것이 얼마나 귀중한 자료인지 알 수 없었다. 이렇게 왕도사가 돈황 고서의 가치를 알아내고자 이곳저곳을 다니며 감정을 의뢰하는 동안, 이 고서 발굴의 소문은 날개 돋친 듯 퍼져나갔다.

장경동은 원래 홍변의 기념 사당이었다

장경동은 언제, 누가, 왜 만들었을까? 홍변이란 사람은 정사
正史에는 별로 기재되지 않았으나, 『오승통비吳僧統碑』(P.4640)
와 기타 관련 자료들에 근거하여 그의 생애를 대략 살펴볼 수
있다.

홍변(洪䛒 ~862)의 속성은 오吳, 즉 오화상吳和尙·오승통吳僧
統이다. 본적에 대해서는 상세하게 나타나 있지 않지만, 결코
돈황의 구족舊族은 아니다. 그의 아버지 오서지吳緖芝는 일찍
이 건강建康의 군사軍使를 지냈는데, 후에 감甘·숙肅 두 주 사
이에서 수군戍軍을 지내기도 했다. 토번이 양주를 점령한 후에
는 하서 절도사 양휴명楊休明이 사주로 진鎭을 옮겨오고, 당
대종 대력 원년(766)에는 건강군수建康軍戍가 사주로 발령되었

다. 오서지와 그의 아들도 군대를 따라 돈황으로 이주하였다. 당 덕종 건중 2년(781)에 토번이 사주를 점령하자, 오서지는 은거하여 공문公門을 밟지 않고 팔을 굽혀 인仁에 처하며, 토번의 관직을 거절하였다. 홍변의 큰형 도滔는 일찍 죽었고 둘째 형 계련季連은 일찍이 '시태자가령試太子家令'을 지냈는데, 후에 관직에서 물러나 독실한 불교신도가 되었다.

홍변은 어려서 출가하여 불법을 잘 지키고 불사에 충실하였다. 그리고 마음을 다하여 한경漢經과 범전梵典을 공부했으며, 이민족의 언어와 티베트어를 익혀 뛰어난 역경승이 되었다. 이에 토번의 찬보贊普는 그를 십수 년간 역장사원譯場寺院의 귀족자제학교에서 문화교육과 기타 종교적인 사무를 주관하게 하였다.

홍변의 마음은 비록 불가에 깃들어 있었으나 끝까지 아버지의 무거운 기대를 저버리지 않았다. 그는 토번에 대항한 돈황인들의 투쟁에 적극적으로 참가하였으며, 장의조가 대중 연간에 거사한 후 제자 오진悟眞을 파견하여 장의조가 파견한 입조사를 따라 장안으로 가게 했다. 당 선종은 그가 "효성스럽고 충성스러운 미덕을 겸비하고 있다."고 칭찬하고, 대중 5년(851) 칙명으로 홍변을 '하서석문도승통지사주승정법률삼학교주河西釋門都僧統知沙州僧政法律三學敎主'로 제수하였다. 그리고 자의紫衣와 여러가지 신물信物을 하사하였는데, 그 총애가 남달랐다. 도승통은 모든 승려의 통령이란 뜻이다.

당 의종 함통 3년(862)에 홍변은 발을 내던지고 사주로 옮

장경동 제17호굴 입구(좌)와 홍변상(우)

겨왔다. 홍변이 세상을 떠난 후, 문하의 승려들과 오성의 본가에서 사묘寺廟의 '늠실廩室(양식을 보관하던 곳)'을 홍변의 기념사당으로 바꾸었다. 이곳이 지금의 편목 번호 제17호굴, 즉 장경동이다.

홍변의 기념사당이 되면서 이곳에서는 자연히 홍변의 모습이 조각으로 새겨졌다. 어깨에 가사를 두른 홍변은 의연하고 자신감에 넘치며 단정하고 신중하다. 그리고 북쪽 벽 가운데에는 오동나무 가지와 잎이 서로 맞붙은 보리수 두 그루를 그려놓았는데, 동쪽 나뭇가지에는 정수병淨水甁이, 서쪽 나뭇가지에는 자루가 걸려 있다. 나무의 동쪽에는 비구니 한 명이 그려져 있는데, 가사를 입고 양손에는 두 마리의 봉황이 그려져 있는 둥근 부채 두 자루를 받쳐 들고 있다. 그리고 나무의 서쪽에는 막대기를 잡고 있는 시녀가 그려져 있다. 벽화에 나타난 물건과 인물들은 모두 승려의 생활이나 승려를 모시는 일과 관계가 있다. 홍변상은 나무 두 그루의 사이에 앉아있어, 마치 나무 밑의 미녀와 비구상이 홍변을 향해 협시夾侍하며 서 있는 것처럼 보이는데, 이는 곧 완성된 삼존구조를 보여준다. 미녀와 비구는 공양자와 시자상이지만, 각 나무에 걸려 있는 현대식 가방과 우리나라 청자정병과 흡사한 정병은 좌우대칭적인 구도로 멋들어진 모양을 나타내고 있다.

서쪽 벽의 감실 깊숙이에는 석비가 하나 새겨져 있는데, 바로 높이 1.5m, 넓이 70cm의 『홍변고신칙첩비洪䛒告身敕牒碑』다. 1900년에 장경동을 발견했을 때 이 비석은 굴 안에 있었는데, 스타인과 펠리오가 경을 훔쳐갈 때에도 여전히 이 굴에 있었다고 한다. 이후 이 비는 왕도사에 의해 제16호굴의 복도 남쪽 벽으로 옮겨졌고, 1964년에 돈황문물연구소에서 다시 이 비석을 장경동으로 옮겨 감실의 원래 위치에 놓았다.

장경동의 홍변상은 홍변과 관련된 생활모습을 벽화로 그려놓고 고신비들을 새겼으니, '모범을 드러내어 제사를 받들기' 위한 것이다. 그리고 비문 앞에 특별히 주석을 달아 '당가고신의본휴석當家告身依本鐫石'과 '조서본詔書本'이라고 밝혀놓았는데, 당조가 홍변을 중시하고 칭찬하여 포상한 것을 드러내며 "천년만년 동안 썩지도 무너지지도 않기를 바란다."라고 하여 영원을 기원하고 있다. 그러나 오늘날 이곳은 경전 한 권 없는 텅 빈 방에 불과하다.

장경동 폐쇄의 수수께끼

그렇다면 홍변의 기념사당은 왜 장경동으로 변했을까? 그리고 언제 폐쇄되었으며, 그 원인은 무엇일까? 그리고 왜 이런 곳에 그런 고문서가 있었을까? 이에 관한 믿을 만한 문자기록은 전혀 남아있지 않기 때문에, 몇 가지 설을 들어 추측해 볼 수밖에 없다.

일부에서는 막고굴 승려들이 송 초 서하의 난을 피해 이 굴의 한 석실에 그들의 불경, 불상, 그림과 여러 문서들을 쌓아 넣고, 석실 밖에 담을 쌓아 흙을 바른 후 벽화를 그린 것이라고 한다. 그리고 이렇게 봉해진 석실이 완전히 은폐되어 9백 년간 세상과 격리되었다는 것이다. 최초로 장경동이 폐쇄된 시간과 원인을 논한 사람인 펠리오는, 『돈황석실방서기敦煌石室訪書記』5)에서 장경동의 권본卷本에 제제題한 연도를 보면, 그 최후의 것이 송초 태평太平 흥국興國 연간(976~983)부터 지도 至道 연간(995~997)까지라고 하며, 동굴 전체의 권본은 서하 문자로 쓰인 것이 없으니, 동굴이 폐쇄된 것은 필히 11세기 전반이라고 보는 것이 맞을 것이라고 주장했다. 이와 달리, 제 16호굴 용도의 벽화가 서하가 지배하던 시기의 양식인 것으로 미루어 제기된 또 다른 피난설도 있다. 이는 10세기 말 카슈 가르에서 일어난 이슬람을 믿는 카라한 왕조가 서역 남도에 있던 호탄을 점령한 후 불교유적을 모조리 파괴했는데, 그 후 돈황을 지배하고 있던 서하까지 공격하려 하자, 당시 불교를

59

믿고 있던 서하가 불서를 장경동에 넣고 봉했다는 설이다.

앞의 두 가지 '피난설'이 사실은 그럴듯하게 꾸며낸 학설이라고 하여, 또 다른 의견인 '폐기설'이 나오게 되었다. 이는 "이 문서들은 당시의 돈황 승려들에게 있어서 이미 실용가치를 완전히 잃어버렸기 때문에 폐기된 것이다."라는 주장이다. 즉, 사경寫經을 하다가 실수로 잘못 쓴 경전이나 닳아서 더 이상 보기가 어려운 경전, 그리고 사원에서 소장하고 있는 도서 중 비교적 수준이 낮은 것이나 필요 없는 문서를 폐기처분하면서 이것들을 따로 모아둘 창고가 필요했는데, 막고굴에서 가장 중요하지 않은 석굴을 폐기물 창고로 이용하였고, 그곳이 바로 장경동이라는 것이다. 장경동이 봉쇄될 무렵, 돈황은 이미 『대장경』과 『대반야경』 등을 완비하고 있었다. 장경동 내에는 피난과 관련이 있다면 응당 소중히 보관되었어야 할 진귀한 물품들은 하나도 없으며, 대부분이 잔권 단편들이고, 의위경疑僞經이 적지 않으며, 심지어 잘못 베껴 버려진 두루마리와 먹을 덕지덕지 칠한 잡다한 글씨의 문서들과 기한이 지난 계약서 등이 있었기 때문이다.

이 밖에 '서고개조설'이 있다. 대략 서기 1000년쯤 절엽식 折葉式 간행본 경전 두루마리들이 이미 중원으로부터 돈황에 전해졌고, 이로 인해 반드시 장서실의 위치를 바꿔야 했는데, 이 때문에 사용하기에 불편해진 두루마리식의 불경들과 많은 양의 잡다한 물건들을 한꺼번에 석굴 안으로 넣어 봉했다는 것이다.

이처럼 아직까지는 장경동이 폐쇄된 시기와 그 원인에 대한 의견이 분분하여 일치된 결론을 내리지 못하고 있다. 그리고 국내외의 학자들은 각종 방증자료에 근거한 다양한 가설을 제기하여 천고의 수수께끼를 풀기 위한 시도를 계속하고 있다.

상심의 역사: 실크로드의 악마들

　장경동에서 나온 문물은 3세기에서 11세기에 걸쳐 만들어진 관청, 사원, 사가私家의 고사본古寫本 및 각본刻本 등이다. 이 문서는 불교, 도교, 마니교, 경교景敎의 문헌과 유가의 전적, 문학자료, 정치·군사자료, 사회·경제 자료, 역사·지리 자료, 천문, 인쇄술, 의학 등의 과학기술 자료를 내용으로 하고 있다. 그리고 대량의 한문자료, 티베트 문자, 위구르 문자, 우전于闐 문자, 소그드 문자, 투르크 문자, 산스크리트 문자 등 적지 않은 소수 민족의 문자로 된 각종 경전과 필사본, 불화, 판화, 탁본, 자수물, 염직포 등도 포함되어 있다. 따라서 장경동의 발견은 중국문화사와 20세기 인류문화사에서 실로 중대한 발견이라 칭해진다.

장경동에서 발견된 문서들

돈황에서 대량의 문물이 나온 것 같다는 소문은 입에서 입으로 전해져, 당시 실크로드를 탐험하던 외국 학자들의 귀에까지 들어가게 되었다. 고문서를 손에 넣기 위해 영국의 스타인, 프랑스의 펠리오 등이 왕도사와 교섭을 벌였고, 결국 스타인과 펠리오 두 사람이 압도적으로 많은 자료를 손에 넣게 되었다(그때 스타인이 가져간 것은 대영박물관에, 펠리오가 가져간 것은 파리국립도서관에 각각 소장되어 있다). 이와 관련된 인사들은 실로 부지기수였다. 사막 속의 문서, 천고의 비밀을 고스란히 간직한 이 사료는 사막이라는 특수한 환경과 더불어 모험심에 불타는 인간들을 유혹하기에 충분했다. 당시의 부패한 청 조정은 외세에 침범당하고 있던 터라, 이러한 역사상 귀중한 자료의 발견에 몽매하고 무능하게 대처하였다. 그리하여 장경동 내의 대량의 문서들과 예술품들을 외국에 탈취당하고만 것이다.

이러한 사정을 알게 된 청조 정부는 1910년에 남아 있는 고문서를 북경으로 보내도록 명했지만, 우송 도중에 짐이 빼돌려졌다. 이후 일본의 오타니 탐험대도 약간 늦기는 했지만, 왕도사로부터 직접 그가 별도로 숨겨놓았던 얼마간의 고문서를 샀다. 소련과 미국 등도 문서와 예술, 심지어 벽화까지 탁본해 갔으며, 중국에는 몇천 점의 불완전한 문서만 보관되어 있을 뿐, 9백 년간 잠자던 문화유산은 발견됨과 동시에 거의 다 해외로 흩어져 버린 것이다. 이 내용은 피터 홉커크Peter Hopkirk가 지은 『실크로드의 악마들Foreign Devils of the Silk Road』에 그 전말이 상세히 기록되어 있다. 다음으로는 양적으로나 질적으로 가장 많은 문서를 가져간 스타인과 펠리오의 약탈 전말을 그들이 남긴 기록을 토대로 소개하겠다.

스타인의 돈황유서 사취

마크 오럴 스타인Mark Aurel Stein(1862~1943)은 원래 헝가리인으로 1862년에 부다페스트의 유태인 가정에서 태어났으며, 나중에는 영국 국적을 취득하였다.

스타인은 중국 서북부에서 네 차례에 걸쳐 탐사를 진행하였다. 제1차 탐사는 1900년 5월에서 1901년 4월까지로, 활동지역은 주로 타클라마칸사막이었다. 인도로 돌아온 그는 『고화전古和闐』이라는 대작을 저술하여 세계적인 명성을 누렸다. 제2차 탐사는 1906년 4월에서 1908년 11월에 걸쳐 이루어졌

으며, 신강 외에도 감숙 하
서 및 내몽고의 어지나 등
지까지 이르는 것이었다. 이
탐사의 결과는 『사막거란
폐지기沙漠契丹廢址記』라는
책에 상세하게 기술되어 있
다. 제3차 탐사는 1913년에
서 1916년에 걸쳐 이루어
진 것으로서, 활동범위는 주
로 타림분지 남·북부와 하

마크 오럴 스타인

서 남·북부 등이었다. 탐사를 마친 후, 그는 『서역고고도기西
域考古圖記』『아주복부고고기亞洲腹部考古記』『스타인서역고고
기斯坦因西域考古記』 등을 연달아 저술하였다. 1930년에 스타
인은 중국에서의 네 번째 탐사를 진행하였는데, 그 당시에는
신강과 서북 지역의 정국이 혼란스러웠기 때문에 그다지 큰
수확을 얻지는 못했다. 여기에서는 주로 스타인의 『스타인서
역고고기』를 토대로 제2차 탐사 기간 동안 행해졌던 돈황 막
고굴 유물의 약탈 행각에 대해 소개하기로 하겠다.

일찍이 1879년에 헝가리지리학회 회장 롯지Lajos Loczy는 중
국 서북부에서 지질 조사를 하는 동안 우연히 돈황의 석굴예
술을 보게 되었는데, 경탄을 금치 못하며 입에 침이 마르도록
찬사를 보냈다고 한다. 1902년 함부르크에서 거행된 국제동방
학 회의에는 영국, 프랑스, 독일, 러시아 등지에서 학자들이 모

스타인의 중국인 통역 겸 조수 장효완

여들었다. 롯지는 회의석상에서 "돈황 천불동 미술은 방대하면서도 우아하며 아름답다."고 보고했는데, 그 말에 돈황 고찰에 대한 스타인의 야심은 더욱 커졌다. 마침내 1906년 4월, 스타인은 노정에 올라 제2차 원정을 진행하였다. 제2차 원정의 주요 목표는 스벤헤딘Seven Hedin이 '신비의 누란樓蘭 유적지'라고 일컬었던 곳이었다. 그는 실크로드를 따라 동쪽으로 움직이기 전에 장효완蔣孝琬(?~1922)이라는 중국인 고문을 초빙하여 통역 겸 조수로 삼았다.

1907년 3월 12일 새벽, 돈황에는 처음이었던 스타인은 천불동에서 발견된 장경동에 대해서 그때까지도 모르고 있었다. 그의 원래 계획은 돈황에서 열흘만 머무르며 천불동을 간단히 고찰하고, 식량과 음료수를 약간 보충하고 난 후, 로브노르사막으로 가 고고학 발굴을 진행하는 것이었다. 그러나 그는 돈황에 도착한 지 얼마 되지 않아, 돈황에 살던 우루무치의 이슬람 상인 베그Z. Begg로부터, 몇 년 전 왕원록이 막고굴에서 장경동유서를 발견한 일에 대해 듣게 되었다. 그는 장경동에 대한 이야기를 듣고 "이러한 보물이라면 한 번 힘써 정탐해 볼 만하다."6)며 지체하지 않고 천불동으로 달려갔다.

3월 16일, 스타인은 천불동에 도착했다. 당시 장경동은 이미 자물쇠로 채워져 있었으며, 열쇠는 천불동 주지 도사인 왕원록이 직접 관리하고 있었다. 이때 왕도사는 두 도제를 데리고 외출하여 탁발하던 중이었으므로, 천불동에는 어린 중 하나만 남아 있었다. 따라서 장경동에 들어갈 수 없었던 스타인은 하는 수 없이 잠시 그곳을 떠나게 되었다. 그는 돈황의 지방관 왕모王某 및 주둔군 수령 임모林某를 만난 후, 안서·남호南湖로 가 탐사를 진행하였다.

5월 15일에 스타인은 다시 돈황으로 돌아왔으나, 이때는 마침 천불동에서 묘회廟會가 열려 참배객들이 많았다. 스타인은 다른 사람들의 이목을 끌거나 군중을 분노케 할까 두려워 감히 손을 쓰기 어려웠으므로, 현성에서 며칠 동안 기다릴 수밖에 없었다. 그는 "돈황 사람들은 오늘날에 이르도록 아직 불교에 귀의하고 있다. 우리가 돈황에 간 날은 마침 예불을 드리는 기간이라 시민과 촌민 등 천불동에 참배하러 온 사람이 천을 헤아렸다. 그것으로 비록 절 건물은 쇠잔하였으나, 여전히 예불을 드리는 장소로서의 역할을 하고 있다는 것을 알 수 있었다. 그래서 나는 이곳의 벽화와 조상彫像에 더욱 욕심이 났지만, 촬영과 그림 그리기 외에는 사람들의 감정을 건드릴까봐 감히 더 바랄 수가 없었다."고 하였다.

5월 21일, 스타인은 탐사대를 데리고 다시 천불동에 왔다. 스타인의 말에 의하면, "왕도사는 이미 거기에서 기다리고 있었다. 보아하니 그는 좀 기괴한 사람이었으며, 지극히 교활하고 기민한 사람이었다. 그는 그가 보관하고 있는 것이 무엇인지 모르고 있었으나, 신과 사람에 관련된 일에 대한 두려움에 가득 차 있었으므로 쉽사리 헤아릴 수 없는 사람이라는 것을 금방 알 수 있었다. (중략) 성급하게 대장서大藏書에 접근하는 것은 쉽지 않다고 생각하게 되었다."7) 그래서 스타인은 "천불동 벽화의 사진 촬영을 위해 왔다."며 장경동에 대해서는 일언반구도 언급하지 않았고, 대신 자신의 중국 통역사 장효완을 왕도사에게 보내 거래를 주선하도록 하였다.

꽤 오랜 시간이 흐른 후 장고문이 스타인에게 와서 말하기를, "왕도사에게 스타인이 몇몇 사경寫經을 볼 수 있도록 해달라고 요청했으나, 그는 가타부타 말이 없다."고 하였다. 그러나 스타인이 아낌없이 성금을 기탁하고자 한다는 이야기를 장고문이 꺼내자, 왕도사는 곧 스타인이 경서의 일부분을 보는데 동의하였다. 하지만 장고문이 "스타인은 사실 경서의 일부를 사고자 한다."고 말하자, 왕도사는 즉각 불안, 초조해 하면서 방금 스타인이 경서의 일부를 보아도 좋다고 동의했던 것마저 취소하기에 이르렀다. 이는 스타인이 "나는 수중에 있는 돈을 모조리 동원해 그와 그의 사원을 유혹하였으나, 종교에 대한 그의 정서나 뭇사람의 분노를 일으킬까 두려워하는 마음, 혹은 양자가 지니고 있는 알 수 없는 외경심 등을 이겨내기에는 아직 부족했다."8)고 말한 바와 일치된다.

금전으로는 장경동의 문을 열 수 없었으므로 스타인은 다른 방법을 생각해 볼 수밖에 없었다. 그가 왕도사의 인도로 동굴 및 그 보수공사를 참관하기를 청하자, 왕도사는 스타인에게 점차 호감을 가지게 되었다. 그리고 스타인이 성승聖僧 현장玄奘을 거론하여 왕도사의 공감을 불러일으켰으며, 스타인은 기회가 온 것을 알았다. 그는 자신을 현장의 충실한 신도라며 크게 과장하였다. "나는 나의 매우 제한된 중국어로 나 자신의 현장 숭배에 대해 서술하였고, 내가 어떻게 그의 족적을 따라 인도로부터 험한 산과 황량한 사막을 넘어 여기에 도달했는지, 그 경과에 대해 설명하자 그는 분명 감동을 받았다."9)

이리하여 왕도사는 특별히 스타인을 당승고사가 그려진 벽화 앞으로 데려가 그에게 친절히 강해하였다. 왕도사가 사람을 시켜 그린 벽화 중에는 특별히 스타인에게 유리한 그림이 한 폭 있었는데, 그 그림에는 거센 물살이 흐르는 한줄기 강변에 현장玄奘이 서 있었다. 곁에는 불경을 실은 그의 말이 서 있고, 커다란 거북 한 마리가 현장을 향하여 헤엄쳐오며 그를 도와 불경을 싣고 강을 건너려 하고 있었다.

이날 밤이 이슥해지자, 장고문은 스타인의 천막으로 와 처음으로 그에게 작은 경전 두루마리를 건네며, "이는 왕도사가 옷 속에 감춰뒀던 것으로 방금 막 나에게 살짝 건네 준 것이다."라고 하였다. 장효완은 그중 하나를 자신의 집으로 가지고 가 밤새워 식별연구를 진행하였다.

이튿날, 날이 밝자마자 장효완은 놀란 기색으로 스타인에게 다음과 같은 사실을 보고하였다. 일부 경전 두루마리에는 윗부분에 제서制書가 있는데, 어떤 제서에서 표명한 바에 따르면, 분명 불경은 현장이 인도에서 친히 가져와 산스크리트어에서 한문漢文으로 번역했다는 것이다. 이에 스타인 역시 매우 놀라 장고문을 시켜 왕도사에게 이 사실을 보고하였고, 왕도사 또한 이 말을 듣고 난 후 경악을 금치 못했다. 그러자 장효완은 오로지 한 가지 해석만이 이치에 닿는다고 말하였다. 즉, 저승에 있는 현장이 친히 이때를 택해, 이 신성한 불경을 스타인 앞에 내보여 멀리 인도에서 온 정성스러운 이 신도와 제자에게 그것들을 인도의 고향으로 가지고 갈 수 있도록 했다는 것이었다. 장효완의 반쯤은 신적인 이러한 말의 영향으로 왕도사는 결국 스타인에게 장경동의 문을 열어주었다. 스타인은 "도사가 들고 있던 희미한 등잔불 속에서 나의 눈앞이 홀연 밝아졌다. 두루마리들은 단단히 한층 한층 어지럽게 땅 위에 쌓여 있었다. 높이는 10피트 정도였는데, 후에 재어 보았더니 근 500평방피트 정도 되었다. 작은 방은 약 9평방피트 정도로, 두 사람이 서서 들어가면 꽉 들어찰 정도였다."라고 말하고 있다.

　동굴은 너무 작고 어두워 글을 읽기에는 불편했다. 왕도사는 곧 스타인이 두루마리 몇 개를 동굴 전실前室의 작은 방으로 옮기도록 허락해 주었는데, 참배하러 오는 남녀 신도들에게 발각되는 것을 막기 위해 창문은 종이로 발라버렸다. 후에 왕도사는 두루마리를 하나하나 작은 방으로 옮겨 스타인과 장효완으로 하여금 연구하도록 하였다. 두루마리가 갈수록 많아지자, 스타인은 장효완을 시켜 두루마리들의 편목을 만들려고

했던 원래의 계획을 포기하였다. 동굴 속에는 불경 외에도 수많은 견화絹畵와 백서帛書들이 있었다. 스타인은 "나는 큰 꾸러미 하나를 열었을 때 더욱 경악하였다. (중략) 그 꾸러미 속에는 거친 면포로 만들어진 것이 있었는데, 그 속에는 갖가지 견화·지화紙畵·번개幡蓋·금증錦繒·자수刺繡로 된 공양물들이 그 수를 헤아릴 수 없을 정도였다. 그 화견畵絹과 화포畵布들은 대개 사원의 깃발들이었다. 그리고 두루마리들은 매우 조심스럽게 보관되어 있었는데, 그것들을 펼쳐보니 모두 제불諸佛보살상이었다. 보살상 중에는 순수하게 인도화법만을 쓴 것도 있었고, 인도화를 본으로 하여 중국화 기법을 섞은 것도 있었다."고 말했다.

왕도사는 '경經'은 매우 중요하게 여겼으나, 불화에 대한 흥미는 별로 없었다. 스타인은 장효완과 함께 경을 읽는 한편, 왕도사의 심리에 영합하는 아첨을 몇 가지 늘어놓아 큰 공덕전功德錢 헌납을 허락받았다. 스타인이 불경과 불화들을 골라 곁에 둔 것을 보고서도 왕도사는 별 이의를 제기하지 않았다.

그날, 세 사람은 날이 저물도록 바빴다. 동굴을 떠날 때도 스타인은 왕도사와 긴 대화를 나누었다. 당승이 말을 끌고 경전을 싣고 인도에서 돌아오는 모습이 그려진 벽화 앞을 다시 지나갈 때, 스타인은 일부러 멈춰서 재차 그 그림에 대한 왕도사의 주의를 끌었다. 장효완도 그들 뒤에 서서 있는 힘껏 세객說客의 수완을 다하여, 스타인은 앞으로 사원에 매우 굉장한 공덕전을 헌납할 것이라고 다시 한 번 강조하였다(스타인은 이

전에 이미 약간의 돈을 사원에 헌납하였다). 그러나 왕도사가 여전히 주저하며 결정을 내리지 못하자, 스타인은 장고문이 혼자 가서 행동을 취하는 것이 최선책이라는 것을 깨달았다.

장효완의 재권유와 속임수로 마침내 왕도사는 스타인의 요구를 승낙하게 되었다. 이에 대해 스타인은, "한밤중이 되자 충실한 장고문은 스스로 큰 두루마리 한 꾸러미를 나의 막사로 안고 왔다. 그것은 모두 첫날에 골라냈던 것으로, 나는 극도로 흥분되었다. 장고문과 도사는 이미, 내가 중국 국토를 떠나기 전까지는 이와 같은 '발견품'의 내력은 우리 세 사람 외의 다른 사람은 알지 못하게 할 것을 약속했다. 그래서 이후에는 장고문 혼자 운송하게 되어 이레 밤을 더 옮겼는데, 얻어낸 물건이 점점 더 무거워져 나중에는 차량으로 운반할 수밖에 없었다."[10]라고 말하였다.

이쯤 되자, 왕도사는 자신이 했던 모든 행동 일체가 갈수록 후회스러워졌으며, 그가 몹시 신성시했던 그 두루마리들을 잃어버린 것이 무서워졌다. 그래서 스타인에게 이 '경經'을 그에게 건네주는 것은 절대 불가능하다고 선언하였다. 왜냐하면 이 '경'들이 모자라기라도 한다면 시주들이 분명히 발견하게 될 것이니 그는 반드시 시주들과 의논해 보아야 한다며, 그전에는 더 이상의 어떠한 행동도 취할 수 없다고 하였다.

그날 밤 왕도사는 곧 용도甬道 위의 경서 두루마리를 전부 장경동으로 옮기도록 하고 자물쇠를 채워버렸다. 이 때문에 스타인은 크게 놀랐지만, 한편으로는 기쁘기도 했다. 스타인은 이미 수많은 진귀한 회화와 비非한문사권 및 기타 문물들을 자신의 수중에 넣었으며, 이틀 밤 동안 손에 넣은 것들을 천막에서 자신의 저장실로 미리 운반해놓았기 때문이었다.

이때 왕도사는 돈황의 오아시스로 규칙적인 탁발을 나가게 되었다. 일주일 후 그가 천불동에 돌아왔을 때는 그 비밀이 아직 새어나가지 않았으므로, 왕도사의 명성은 여전히 유지되고 있었다. 따라서 왕도사는 다시는 소심하게 굴지 않았다. 스타인은 이 틈을 타 왕도사를 속이며 말하길, "이 경전 두루마리들은 여기에 유폐되어 있으니 조만간 산실散失될 것이다. 내가 그것들을 구해내어 서양학자들이 연구하도록 제공하는 것은 매우 경건하고 정성스러운 행동이다."라고 하였다. 그래서 그들은 쌍방 간에 "사원 건물 수리에 필요하다는 형식으로 돈한 꾸러미를 도사에게 수고비조로 바친다."고 약속하였다.[11]

때마침 스타인의 심부름꾼인 톨디Toldi가 호탄에서 천불동으로 왔다. 그는 스타인에게 처리가 필요한 170통의 편지가 포함된 대량의 우편물을 가져다주었다. 또한, 돈황의 지방관리가 스타인에게, 난주蘭州의 총독이 명령을 내려 스타인의 고고학 발굴 중 외교예절에 지방관이 반드시 주의할 것을 지시했다고 알려주었다. 게다가 돈황에 너무 오래 머물렀기 때문에 이미 사람들의 경계심을 일으키게 되었으므로, 스타인은 돈황을 떠나기로 결정하였다. 6월 13일, 그는 낙타와 말, 새로추가된 5대의 마차로 편성된 장대한 대오를 인솔하여 돈황 유물을 가득 채운 채, 천불동을 떠나 안서를 향해 출발하였다.

스타인이 훔쳐낸 문서의 운송에 사용되었던 차량

　4개월 후, 스타인은 안서에서 돌아오는 도중에 왕도사에게
쪽지를 하나 써, 장효완이 그 쪽지를 가지고 비밀리에 천불동
에 한번 다녀오도록 하였다. 스타인이 말하기를, "이번에도 왕
도사는 여전히 내가 청한 바를 장고문이 대신 할 수 있도록
흔쾌히 허락해줘 많은 중문中文과 티베트어 사본을 내게 보내
주었고, 이를 유럽의 학술적 수요를 위해 제공하였다. 16개월
이후, 모든 사본으로 가득한 상자 24개와 그림과 수예품 등
미술 유물들로 가득 찬 다섯 상자를 무사히 런던의 대영박물
관에 안치할 수 있었다. 나는 그때서야 비로소 참으로 무거운
부담으로부터 풀려나는 것 같았다."12)라며, "이로써 나는 마
지막으로 안심하게 되었다."라고 하였다.

　1914년, 스타인은 세 번째 중국 '탐사'에서도 다시 천불동
에 가 왕도사를 통하여 돈황 두루마리를 큰 상자로 5개나 속
여 내왔다. 스타인은 스스로 "왕도사는 오래된 시주나 마찬가

지로 나를 환영해주었다. (중략) 왕도사는 틈을 봐 그의 장부 계산을 나에게 보여주었는데, 그 상면에는 내가 사원에 시주한 은전의 총액이 적혀 있었다. 그는 석굴사 앞의 새 사원과 참배객이 머무는 숙소를 가리키며 그것들이 모두 내가 바쳤던 돈으로 지은 것이라며 매우 의기양양하게 보여주었다."13)라고 말하고 있다. 스타인이 이때 얻은 두루마리의 대부분은 돈황 유서가 북경으로 운반될 때 왕도사가 몰래 감추어 보내지 않았던 것들이었다. 그중 일부분은 그 곳의 관리가 약탈해가거나 민간에서 산실되어, 당시에는 이미 다른 이가 팔고 있었다.

『스타인서역고고기』에는 "당대 불경 두루마리 한 꾸러미는 1914년에 어떤 이가 나에게 가지고 와 판 것이다. 그리고 나는 감주에 가는 도중과 신강으로 가는 길에서도 석실에서 흩어져 나온 적지 않은 두루마리를 얻을 수 있었다."라고 기술되어 있다. 스타인은 이때 훔쳐간 두루마리의 수량에 관하여 다음과 같이 말하고 있다. "내가 두 번째로 이곳을 순례한 결과, 큰 상자로 5상자는 너끈히 될 만큼인 600여 권의 불경을 가지고 갈 수 있었다. 물론 상당한 액수를 또 희사해야만 했다."14)

이렇게 스타인은 돈황 문물을 약탈하여 크나큰 실질적 혜택과 지대한 명예를 얻게 되었다. 영국 국왕은 그에게 인도 왕국의 무사 작위(2년 후에 다시 기사 작위로 승격되었다)를 주었다. 또한 왕립지리학회에서는 그에게 금질金質상을, 옥스퍼드와 케임브리지대학에서는 그에게 명예박사학위를 수여하였다. 그리고 독일은 거액의 현금으로 그의 성과를 축하하였으며,

부다페스트에서 그는 큰 공을 세운 똑똑한 사람으로 받들어졌다. 그를 더욱 기쁘게 한 것은 영국 국적을 취득하게 된 것으로, 스타인은 드디어 꿈에 그리던 소원을 이루었다. 이밖에도 금상첨화로, 스타인을 크게 도와 돈황 문물 약탈에 수훈을 세웠던 고문 장효완 역시 그가 얻고자 갈망하던 표창을 받게 되었다. 즉, 카슈가르 영국 영사관의 한문비서漢文秘書가 되었던 것이다.

스타인의 귀국 후, 연구상의 편의를 위해 '문서 부분'은 대영박물관에서 소장하기로 하고, 인도 측은 약간의 견본만 취하여 보관하기로 하였다. 이와 반대로 '도화圖畵 부분'은 인도박물관이 소유하게 되었고, 대영박물관은 약간의 견본만 취하여 보관하게 되었다. 그러나 어느 학자가 두 박물관이 소장하고 있는, 스타인이 약탈한 각 유물들을 검토한 바에 의하면, "대영박물관에 남겨진 소위 '약간'이라는 것이 실제로는 될 수 있는 대로 정수만 골라간 것이었고, 인도박물관에 남겨진 '약간'이라는 것은 말할 것도 없이 모두 보잘것없는 것들이었다."고 한다.15) 1973년에 영국도서관 동방부와 영국박물관 분립에서는 원래의 박물관 동방도서 및 사본부에서 보존하기로 했던, 스타인이 취득했던 문헌들을 신축 영국도서관 장서루로 옮겨 보존하도록 하였다.

영국 소장 돈황유서에 관해서는 오랫동안 그 상세한 상황과 수량을 알 수 없었다. 1954년에 영국 대영박물관 도서관은 소장하고 있던 돈황 한문 두루마리를 마이크로필름으로 만들어 공개하고 내다 팔았다. 이 마이크로필름은 모두 6,980개의 두루마리를 수록하고 있으나, 여기에는 옛 티베트 문자 및 기타 민족의 문자로 된 두루마리는 포함되지 않았을 뿐 아니라, 한문 두루마리 역시 불완전한 것이었다. 자일즈Herbert Giles는 1957년에 대영박물관 소장 『돈황한문사본주기목록』16)을 편성하였다. 이 목록에는 모두 8,102개의 돈황 한문 두루마리가 수록되었으나, 영국소장 돈황 한문 두루마리의 수록 상황을 완전하게 반영하지는 못했다. 영국도서관의 주먹구구식 목록은 현재 S.11604까지 번호를 매기다가 중단된 상태로, 사실상 1척 넓이도 되지 않는 작은 조각 수백 편이 여태 번호도 매겨지지 않은 상태로 남아있다.17) 이로써 영국이 소장하고 있는 돈황 한문 두루마리는 약 12,000권에 달한다는 것을 알 수 있다.

영국에 소장된 돈황의 옛 티베트 문자와 기타 중앙아시아의 옛 민족 문자로 된 두루마리들은 원래 총 약 2,000여 권으로 추정되었는데,18) 근년의 통계조사에 따르면 추정 총수가 3,000권 정도에 달한다고 한다. 그렇다면 영국 소장 돈황유서는 모두 15,000권 정도로 확정지을 수 있겠다.

펠리오의 약탈기

스타인이 먼저 민첩하게 목적을 달성한 이후, 연이어 프랑스인 펠리오가 찾아왔다. 펠리오는 세계적으로 저명한 한학가였기 때문에, 돈황유서의 정화라고 할 수 있는 부분을 훔쳐갔다.

폴 펠리오

폴 펠리오Paul Pelliot(1878~1945)는 1878년에 파리에서 출생하였다.

펠리오의 '고찰단'은 단 세 사람으로 구성되었다. 펠리오 외 지도를 실측하고 그리며 박물과 기타 자연과학적 표본을 채집하는 루이워렌 박사, 그리고 원정대의 촬영기사인 찰스누아이터가 그들이었다. 1906년 6월 17일, 조사단은 펠리오의 인솔로 파리를 떠나 기차를 타고 모스크바를 경유하여 타시켄트Tashkent로 간 이후에, 러시아의 중앙아시아를 지나 중국으로 들어갔다. 도중에 펠리오는 돌궐문을 배우고 러시아어에 능통해졌다.

같은 해 8월 말, 펠리오는 중국 카슈가르에 도착하였다. 그들은 카슈가르에 있는 러시아 총영사관 내에 머무르면서, 동시에 그곳의 관리에 대한 외교적이고 관례적인 방문과 인사를 진행하였다. 6주 후에 그들은 쿠차에 이르러 몇 좌의 불교 석굴을 조사하기 시작하다가, 마조지馬槽地에서 일련의 범어와 쿠차(龜玆)문자文字 필사본, 쿠차어 목간 및 도장과 고전古錢, 대상의 통행증명서를 발견하였다.

쿠차에서 모두 8개월에 걸친 고찰을 진행한 결과, 펠리오의 고찰단은 매우 풍부한 수확을 거두었다. 쿠차 지역을 조사한 후에 그들은 곧 우루무치로 자리를 옮겨 생활필수품을 보충하였고, 사막을 통과하여 돈황으로 나아갈 준비를 하였다. 그들은 이때까지도 돈황 장경동에서 고서가 발견된 사건이나, 스타인이 돈황의 문물을 탈취해간 일 등은 전혀 모르고 있었다. 그들은 다만 돈황에 가서 천불동의 벽화와 소상을 촬영하고 연구할 계획이었다. 그러나 펠리오는 매우 우연한 기회에 돈황에서 장경이 발견되었다는 소식을 듣게 되었다.

그들이 우루무치에 머무르고 있을 때, 펠리오는 우연히 청나라 조정의 종실인 난공작蘭公爵을 만나게 되었다. 난공작은 원래 북경의 경찰총감으로 의화단 운동 시기에 북경에서 펠리오 등의 외국침략자들과 서로 적대하였다가, 후에 죽을 때까지 우루무치로 유배당한 사람이었다. 펠리오는 이후에 이렇게 썼다. "1900년에 우리는 피차 하늘을 함께 이고 있을 수 없는 원수였지만, 세월의 흐름에 따라 숙원宿怨은 이미 얼음 녹듯 풀렸다. 우리는 술을 마시고 속내를 얘기하면서 점차 옛 우의를 회복하였다."[19]

이 시기에 이미 펠리오는 천불동에서 필사본이 숨겨져 있는 비밀동굴이 발견되었다는 이야기를 우루무치 거리에서 들었던 터였다. 이 유배당한 공작은 돈황에서 가져왔다고 하는 두루마리의 일부를 그에게 보여주었다. 펠리오는 이 두루마리를 펼쳐보자마자, 그것이 8세기 이전의 물건임을 알아 차렸다.[20] 두루마리를 본 펠리오는 매우 기뻐하면서 서둘러 우루무치를 떠났다. 그는 잠시도 쉬지 않고 속도를 배가하여 동쪽의 돈황을 향해 나는 듯이 달려갔다.

1908년 초에 펠리오 일행은 마침내 돈황에 도착했다. 이때 장경동의 문은 굳게 닫혀 있었고, 왕도사는 천불동에 있지 않았다. 그러나 펠리오는 적막한 가운데 마냥 기다리려고 하지 않았고, 얼마 후에 멀리 떨어진 마을에서 왕도사를 찾아냈다. 펠리오는 이때까지도 스타인이 이미 1년 전에 이 동굴 속에서 대량의 경권을 훔쳐 간 사실을 모르고 있었기 때문에, 스타인에 대해서는 아예 언급하지도 않았다. 이에 왕도사는 스타인이 맹세를 잘 지켰음을 알게 되어 마치 진정제를 먹은 듯 안심이 되었다. 또한 왕도사는 이 '서양 귀신(洋鬼子, 중국에서는 이렇게 부른다)'들이 이런 비밀에 대해서는 모두 병마개처럼 입을 꽉 다물 수 있음을 발견하였고, 그런 발견이 그를 매우 방심하게 만들었다. 게다가 그는 이미 스타인의 헌금으로 동굴을 수리하고 복구하는 작업을 시작하였고, 마침 그때는 그가 또 다른 헌금자를 찾고 있던 때이기도 했다.[21]

거의 한 달 가까이 노력을 기울인 결과, 펠리오는 비로소 왕도사의 허락을 받아 밀실에 들어갈 수 있었다. 물론 펠리오는 스타인에 비하면 더 쉬웠던 셈이다. 3월 3일, 펠리오는 장경동에 들어간 후 너무 놀란 나머지 얼빠진 사람처럼 멍하게 있었다. 그가 대략적으로 계산한 것에 따르면, 동굴 내의 필사본은 약 일만 오천에서 이만 권 사이였다. 이를 펠리오는 그의 『돈황석굴방서기敦煌石窟訪書記』에서 다음과 같이 기술하고 있다.

1908년 3월 3일 새벽 무렵에 이 천년간 은밀하게 숨겨져 온 보고寶庫로 들어갔다. 발굴된 후 지금에 이르기까지 벌써 8년의 세월이 흐르는 동안, 실로 많은 무리들이 왕래하며 수색하였기 때문에 문서들은 크게 줄었을 것이다. 나는 석굴 안으로 들어가 보고서 경악하였다! 석굴의 세 모퉁이에 쌓여있는 문서와 유물은 깊이가 2m에 이르렀고, 또 50권씩 쌓여 있어 높이가 사람 키보다 컸다. 두루마리는 두세 개의 큰 무더기를 이루고 있었고, 거대한 티베트어 필사본은 경판經版과 함께 그것들을 감싸고 동굴의 모퉁이에 쌓여 있었다.[22]

만일 낱낱의 두루마리를 모두 열어 본다면, 적당히 뒤져보는 데에만 최소한 6개월가량의 시간이 걸릴 것이라 생각한 펠리오는 그의 책에서 다음과 같이 고백했다. "내가 스스로 짐작해 보건대, 동굴 속에 숨겨진 문서와 유물을 모두 다 진열하는 일은 매우 번거로울 것이다. 그러나 그 내용을 모두 파악하고 그 관계의 경중을 조사하자면 또 어쩔 수 없이 한 권씩 펼쳐 보아야 한다."[23] 때문에 그는 결코 머뭇거림 없이 즉각 결정을 내렸다. 그는 "반드시 전체 서고를 한 번 검사해야 한다. 그것이 혹시 대략적인 검사라도 좋다."라고 말하며 "최소한 나는 반드시 매 두루마리마다 한 번씩 펼쳐봄으로써 그것의 성격을 파악하고, 동시에 어떤 새로운 것을 제공해줄 것인지 여부를 보아야 한다."[24]고 말했다.

펠리오는 장경동 내에서 3주에 걸친 선별작업을 진행하였다. 선별과정 중에 그는 두루마리를 두 무리로 나누었는데, 한 무더기는 그 가운데 정수 부분으로 어떠한 고초를 겪든지, 어떠한 대가를 치르고서라도 반드시 손에 넣어야 할 것이었다. 나머지

펠리오가 장경동에서 돈황유서를
고르고 있는 모습

한 무더기는 평범한 물건들로서, 역시 필요하기는 하지만 반드시 빠뜨릴 수 없는 것은 아니었다. 그렇게 선별작업 도중에 그는 항상 정품을 훔쳤다. 매일 대략 천 권에 달하는 긴장된 선별 과정을 통해, 펠리오는 기본적으로 석실 유서에 관한 한 차례의 조사를 마쳤다. 그는 다음과 같이 술회하고 있다. "나는 어떠한 한 권의 주요한 문건도 놓치지 않았다. 나는 각각의 두루마리를 다 살펴보았을 뿐만 아니라, 뒤져보지 않은 종이 조각이 없었다. 하늘만이 알 것이다. 단편이나 부스러진 페이지들이 모두 얼마인지는……."[25]

선별 작업을 마친 펠리오가 부딪친 최대의 난제는, 어떻게 왕도사의 동의를 얻어서 선별해낸 문서를 자신에게 팔도록 할 것이냐는 점이었다. 이 때문에 펠리오와 왕도사는 극히 비밀리에 여러 차례 회담을 가졌으며, 펠리오가 비밀을 엄수한다

는 전제하에 왕도사는 마침내 거래에 동의하였다. 그 대가는 펠리오가 단지 백은白銀 오백 냥(약 90파운드)을 왕도사에게 지급하는 것에 불과하였다. 펠리오는 획득한 문서와 유물들을 꼼꼼하게 포장한 후, 선박을 이용하여 프랑스로 운반하였다.

펠리오가 탈취해간 돈황유서는 전부 약 6,000두루마리인데, 그중 옛 티베트문자로 쓰인 두루마리 2,700권과 비非티베트 문자로 쓰인 3,900권의 두루마리는 파리국립도서관에 소장되어 있다. 펠리오가 돈황에 와서 유서를 탈취해간 것은 비록 스타인에 비해 1년 정도 늦었지만, 그는 스타인보다 더욱 우월한 조건을 갖추고 있었다. 펠리오는 중국어·러시아어·티베트어·돌궐어 등 10여 종이 넘는 문자를 이해하고 있었는데, 특히 여러 차례 중국에 왔었고, 1902년부터 1904년까지는 주중 프랑스대사관에서 근무하였기 때문에 중국어에는 더욱 숙련되어 있었다. 펠리오는 또한 프랑스 및 전 유럽에서 저명한 중국학자이기도 했다.

이처럼 펠리오의 중국학 지식이 깊이 있고 해박하였기 때문에, 그가 훔쳐간 돈황유서는 비록 수량 면에서는 스타인보다 많지 않았고 심지어 러시아인이 훔쳐간 것보다도 적었지만, 도리어 돈황유서 가운데 가장 정화에 해당되는 부분이었으며, 그 가운데에는 유일본도 적지 않았다. 또한 돈황유서 중 연대가 표시되어 있는 대부분의 두루마리는 펠리오가 획득하였다. 어떤 학자의 통계에 따르면, 펠리오가 원래 편집한 2,700개의 초록 목록 가운데 연월이 표시된 것은 515건으로 전체 목록의 약 19%를 차지하는데, 이는 거의 1/5에 가깝다. 그러나 스타인이 훔쳐간 부분 중 연월 표시가 된 두루마리는 4.3%로 펠리오의 1/4에도 못 미친다.

돈황유서 중 불경 두루마리는 약 90% 이상을 차지하여, 사람들은 돈황유서를 '불교 유서'라고 부르기도 한다. 불교경전이 아닌, 직접적으로 사회·정치·경제에 관련된 세속경전은 수량이 매우 적은 편이지만, 펠리오가 탈취해간 두루마리 중에서는 매우 높은 비중을 차지한다. 이로 인해 현재 프랑스에 소장된 세속문서의 수량이 가장 많으며, 연구가치도 가장 높다. 통계에 따르면, 현재 북경도서관에 소장된 돈황유서 가운데 95%이상이 불경 두루마리이고, 영국에 소장된 두루마리 가운데 약 85%가 불경 두루마리이며, 소련에 소장된 유서 가운데 85%가 불경 두루마리라고 한다. 그러나 파리에 소장되어 있는 3,900개의 한문 두루마리 가운데, 불경 문서는 단지 65% 내외에 이르는 약 2,500두루마리 정도이다. 이로써 우리는 펠리오가 탈취해간 돈황유서에서는 불경 문서의 수가 가장 적고, 세속 문서의 수가 가장 많다는 사실을 알 수 있다.

펠리오가 장경동에서 발견한 『왕오천축국전』

『왕오천축국전往五天竺國傳』(P.3532)은 신라의 승려 혜초慧超(704~780)가 서기 720년대에 인도 전 지역의 불적佛蹟을 순례하면서, 각 지방의 풍토와 산물을 살펴 기술한 여행기이다.

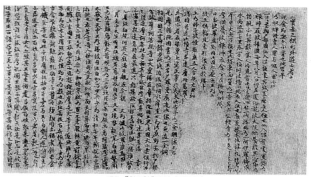

혜초 『왕오천축국전』(P.3532)

돈황에서 발견된 이 사본은 비록 혜초 자신이 8세기에 직접 친필로 쓴 것이 아니라 9세기경 누군가에 의해 베껴진 것이며, 원본 3권 전체가 아니고 두루마리 모양의 첫머리와 끄트머리도 떨어져 나가고 없는 잔본이기는 하지만, 8세기 전반의 인도 불교 및 중앙아시아의 풍속과 지리, 역사 등을 알려주는 서역사 연구에 있어 귀중한 사료적 가치를 지니는 책이다. 책의 기술이 비교적 상세하기 때문에 법현法顯의 『불국기佛國記』, 현장의 『대당서역기』 등과 상호보충이 되어 학술 가치도 대단히 높으며, 또 중서교통사 및 중앙아시아사 연구에 중요한 참고 자료가 된다. 무엇보다 고대 신라인의 기록으로서, 우리의 고전으로 남아 있는 최고의 보물이라는 데에 커다란 의미가 있다.

펠리오가 처음 이 사본을 발견했을 때에는 두루마리의 가운데 부분만 남아 있어 서명도 저자명도 알 길이 없는 상태였다. 하지만 펠리오는 예전에 혜림慧琳의 『일체경음의一切經音義』속에서 이것을 읽은 적이 있어 내용을 짐작하고 있던 터였다. 『일체경음의』는 불교 관련 서적에 대한 주석서인데, 이 속에는 혜초가 지었다는 『왕오천축국전』의 어휘를 골라 주석을 달아놓은 것이 있었다. 이처럼 천여 년 동안 인멸되어 그 존재조차도 알려지지 않았던 혜초의 여행기는, 1908년 박식한 프랑스인 펠리오에 의해 돈황에서 극적으로 발견되어 비로소 세상에 그 존재가 알려지게 된 것이다. 『왕오천축국전』은 현재 파리국립도서관에 소장되어 있다.

이 책이 발견된 이듬해인 1909년, 나진옥羅振玉은 사진 교감기록에 의거하여 『왕오천축국전』을 『돈황석실유서敦煌石室遺書』에 수록하고, 『혜초왕오천축국전』「교록찰기校錄札記」를 편찬하였다. 그는 여기서 "이 두루마리는 수미가 잔결殘缺되었고, 닥나무 종이 필사본으로 매 행이 27자에서 30자로 일정하지 않으며, 다섯 천축국을 주유하며 일정 및 국토, 종교, 물산, 민간풍속 등을 기록하였다. 처음에는 그 서명과 작자의 성씨를 몰랐다가, 혜림의 『일체경음의』26) 권100에 혜초의 『왕오천축국전』이 있음을 조사하다가 바로 그 '음의音義'로써 이 두루마리를 증명해내니, 내용상 서로 부합하는 것이 15조에 이르렀다. 그 차례와 내용이 부합함을 발견하고 비로소 이것이 『혜초전慧超傳』임을 알게 된 것이다."라고 하며 처음으로 그 두루마리의 편제와 작자를 확정하고 본문을 세상에 공개하게 되었다.

1912년, 일본의 저명한 동방학자 후지다 도요하치(藤田豊八)는 나진옥 간본을 근거로 『혜초왕오천축국전』「전증箋證」을 한문으로 써내었다. 이는 이 여행기에 대한 상세한 고증을 담고 있는 저작으로서, 지금까지도 대단한 참고 가치를 지니고 있다.

잇따른 약탈에 중국이 문을 걸어 잠그다

이러한 약탈로 인해 돈황 문서가 세계적인 화제로 등장하자, 긴장한 청조 정부는 1910년에 이성탁李盛鐸, 유정침劉廷琛 등 고관들의 건의를 받아들여 돈황에 군대를 보내 장경동에 남아있던 고서들을 모조리 북경의 청조 정부 학부學部로 실어 갔다. 그러나 운반 도중 좋은 것은 전부 빼돌려져 많은 양의 필사본들이 감쪽같이 사라져버렸다. 북경에 도착한 것은 5~6천 권가량이었는데, 대부분이 불경으로 알맹이는 거의 다 영국과 프랑스에 빼앗기고 남은 찌꺼기에 불과했다. 운반 도중 고서를 빼돌린 것이 맨 처음 이를 북경으로 옮기자고 건의했던 이성탁과 유정침 등의 소행임을 나중에 알게 된 학부시랑學部侍郎 보희寶熙는 그 사실을 황제에게 보고하려 했으나, 때마침 신해혁명이 일어나 그마저도 흐지부지되었다.

1912년 2월, 스타인과 펠리오에 이어 일본 경도京都의 니시혼간지 주인 오타니 고즈이(大谷光瑞) 백작의 제3차 고고학 조사단원이었던 요시가와 고치로(吉川小一郎)와 다치바나 즈이초(橘瑞超)가 돈황으로 찾아와 왕도사로부터 5백여 권의 필사본을 헐값에 구입해갔다. 이 필사본들은 북경 당국이 스타인과 펠리오가 가져가고 남은 문서를 전량 운반하러 오기 직전에, 그 사실을 미리 알아차린 왕도사가 새로 조성한 불상에 숨겨놓았던 것이라고 한다. 오타니 탐험대는 돈황뿐만 아니라 투루판 등 서역의 다른 지방도 발굴했는데, 수집한 문물 중 일부는 당시 조선총독부에 보관되었다가, 해방 후 한국의 중앙박물관 소장품으로 분류되어 지금까지 한국 땅에 남아있다.

오타니 탐험대가 다녀간 이후 1900~1910년과 1914~1915년, 두 번에 걸쳐 러시아의 불교미술사학자 세르게이 올젠부르그Sergei Oldenburg가 돈황으로 찾아와 왕도사로부터 채색소조와 필사본 200권을 빼내어갔고, 막고굴의 벽화 10여 장을 뜯어갔다. 그 후, 1914년에 다시 왕도사에게 온 영국의 스타인이 사경 600여 권을 싼값으로 사갔다. 또 1924년에는 미국 하버드대학의 조사대로 파견된 랜던 워너Landon Warner가 막고굴에서 벽화 20여 장을 뜯어내고, 제328호굴의 「공양보살상」 등 채색 소조 불상 몇 구를 불법으로 반출해갔다.

한편 왕원록 도사는 정부가 필사본들을 북경으로 실어간 후, 그 대가로 준 돈을 받아 한 푼 써보기도 전에 몽땅 도둑맞고 상심하여 지내다가 1931년에 죽었다. 그의 제자들은 그의 시신을 현재의 막고굴 매표소 앞에 묻고 그곳에 왕원록 기념탑을 세웠다.

돈황학의 신비

900년 동안 석실에서 잠자고 있던 돈황의 휘황했던 문화가 우리 눈앞에 나타난 것은, 1900년에 왕원록이라는 도사가 제16호굴에 기거하면서부터이다. 이는 20세기 갑골문의 발견과 더불어 중국 학술사상 커다란 의의를 갖게 한 사건이었다. 또한 그 석실 안에서 또 하나의 석실인 제17호굴을 발견하게 되었는데, 그 속에는 실크로드에 관한 막대한 자료가 차곡차곡 쌓여 있었다. 그로부터 7년 후에 영국탐험가 스타인이, 이듬해에는 프랑스인 학자 펠리오가 나머지 유물을 싣고 파리로 돌아갔다. 그 다음으로 일본인 오타니가, 그 다음에는 러시아인 올젠부르그가, 그 다음으로는 미국인 워너가.

이처럼 탐험가들의 약탈의 과정을 거쳐 돈황의 유물이 세계 각국으로 흩어지게 된 것이 오히려 돈황학이 세계적인 학문으로 성립될 수 있었던 계기가 되었다는 사실도 부인할 수 없다. 유물을 소유한 나라에서 돈황에 관한 연구가 시작되었기 때문이다. 돈황 변문과 불경, 불화를 연구하기 위해서는 어느 누구라도 영국의 대영도서관과 프랑스국립박물관에 소장된 돈황유서敦煌遺書를 열람하지 않고는 불가능하다. 돈황 유물은 일본과 미국, 러시아 등 세계 각국에 산재해 있어 자연스럽게 세계적인 학문으로 발전하였다. 낙준 법사에 의해 서기 366년에 창건된 막고굴 감실 속의 불상과 벽화는 보수되어 지금까지 그 예술적 가치를 유지하고 있으며, 세계 각국에서 학자들이 몰려와 연구를 거듭하여 새로운 연구 성과를 속속 내놓고 있다. 실제로 필자가 2000년 7월 하순의 '돈황 장경동 발견 100주년 기념 국제학술대회'에 참석했을 때, 미국의 어느 연구자가 한 석굴의 훼손된 벽화를 컴퓨터 그래픽으로 복원하여 원래의 모습이라고 주장하는 발표를 인상 깊게 들은 적이 있다.

실존하는 불교미술문화 자료의 현장인 492개의 굴과 이른바 장경동이라고 불리는 제17호굴에서 나온 대량의 경전과 돈황유서는 아직도 연구되어야 할 무궁무진한 자료를 제공해주고 있다. 고대 돈황인의 불교신앙지로 건설되었던 돈황 막고굴과 20세기의 시작과 함께 발굴된 막고굴 장경동의 문서 속에는, 극히 단편적인 형태이긴 하지만 우리 한민족의 흔적을 담은 자료가 전해지고 있다. 그리고 벽화『유마힐경변』속의 한민족 복장을 한 인물상으로 고대 한인과 돈황인의 교류 가능성을 조심스럽게 타진해볼 수 있다. 또한 신라승 혜초의 인도기행문『왕오천축국전』도 바로 이 굴에서 나왔으니, 그도 신라에서 이곳을 통해 천축을 오갔음을 추측할 수 있다. 돈황 석굴은 살펴보면 볼수록 현란한 색채의 갖가지 벽화와 소상들의 아름다운 형태, 다양한 굴의 변형에 매료당하고 만다. 석굴에 들어서면 처음에는 어두워서 아무것도 보이지 않는다. 하지만 차차 눈이 어둠에 익숙해지면, 먼저 희미하게 소상들의 윤곽이 보이기 시작하고, 그 윤곽이 점점 뚜렷해지면서 아름다운 불상들이 그 모습을 나타낸다. 그리고 그 다음으로 굴 사방의 벽과 천장의 현란한 벽화들이 어둠 속에서 서서히 그 모습을 드러낸다. 돈황에는 석굴 하나하나마다 그 시대, 그 민족의 문화가 배어 있고, 그 가운데서 당시의 불교사상을 엿볼 수 있으며, 예술이 찬란하게 꽃피웠다가 결국은 쇠퇴하여 스러져가는 과정까지 관찰할 수 있다. 이처럼 천여 년에 걸친 시간의 흐름을 느낄 수 있는 곳이 바로 막고굴이다. 비록 거대하고 웅장한 기백은 없지만, 찬란하고 아담하며 세련된 모습이 천 년의 신비를 뛰어 넘어 가슴에 와 닿는다. 돈황과 한국은 비록 중원을 사이에 두고 동서로 멀리 떨어져 있지만, 우리 민족의 흔적이 문서와 벽화를 통해 적지 않게 나타난다는 점에서 보이지 않는 연결고리를 느끼게 해준다.

주

1) 권영필, 『실크로드미술』, 열화당, 1997, 101~104쪽 ; 서용, 『돈황벽화』(http://www.dunhuang.co.kr)

2) 『敦煌硏究』試刊 제2기.

3) 全文 하단에 다음과 같이 附記됨. "칙수문림랑敕授文林郎, 후전시용지현侯銓試用知縣, 정유과선발연첩거인丁酉科選拔聯捷擧人 곽린근郭璘謹 삼가 적다. 예수등사좌랑例授登仕佐郎, 이부후선순정청吏部候選巡政廳, 종구품從九品, 경리사수經理社首 대봉옥戴奉鈺 감독수정하다. 예수수직랑例授修職郎, 이부주책즉선유학훈도吏部注册卽選儒學訓導, 세공생歲貢生, 사수社首 습등영瀯習登瀯 감독수정하다. 예수수직랑例授修職郎·이부주책후선유학훈도吏部注册候選儒學訓導·부공생附貢生·사수社首 마육강馬育江 감독수정하다. 경리사수經理社首 대호공戴號公 진정언陳正言 양춘주楊春洲 은선언殷善言 대화훈戴化勛 호종의胡從義 주지住持 왕원록王圓籙의 문도 왕명발王明發 조명유趙明裕 동수소修. 청 광서 32년(丙午) 음력사월 상순 길일에 세움.(大淸光緖32年歲次柔兆敦牂孟夏之月上浣穀旦)".

4) 『草册』원문은 子靑의 『記王道士催募經款草册』에서 인용한 것으로, 『西北日報』1945년 5월22일에 기재됨. 羌亮夫 선생의 『莫高窟年表』부록도 이 『초책』에 기록하였다.

5) 『法國遠東學院院刊』제8권, 安南출판, 1908. 陸翔 譯, 『北平圖書館館刊』 9권 5호, 1935.

6) 스타인, 『斯坦因西域考古記』, 141쪽.

7) 스타인, 앞의 책, 142쪽.

8) 스타인, 앞의 책, 142쪽.

9) 스타인, 앞의 책, 143쪽.

10) 스타인, 앞의 책, 147쪽.

11) 스타인, 앞의 책, 148쪽.

12) 스타인, 앞의 책, 148쪽.

13) 스타인, 앞의 책, 149쪽.

14) 스타인, 앞의 책, 149쪽.

15) 金榮華, 『斯坦因 - 敦煌文物外流關鍵人物探微』.

16) 자일즈, 『大英博物院藏敦煌漢文寫本注記目錄』, 1957.

17) 榮新江, 『歐洲所藏西域出土文獻聞見錄』(『敦煌學輯刊』, 1986년 1기.

18) 王重民, 『敦煌遺書總目索引後記』 참조.

19) 피터 홉커크, 김영종 옮김, 『실크로드의 악마들Foreign Devils of the Silk Road』, 사계절, 2000, 260쪽.

20) 피터 홉커크, 앞의 책, 260쪽.

21) 피터 홉커크, 앞의 책, 261쪽.

22) 王重民, 『敦煌遺書論文集』, 中華書局, 1984, 10쪽.

23) 펠리오, 『敦煌石室訪書記』.

24) 피터 홉커크, 앞의 책, 262쪽.

25) 피터 홉커크, 앞의 책, 264쪽.

26) 혜초가 죽은 후 810년에 편찬된 『大藏經』에 수록되어 있는 경전의 음과 뜻을 해설한 책. 당나라의 혜림이 찬술하여 『혜림음의慧琳音義』로 부르기도 한다. 『대반야경』을 비롯하여 모두 1,220부를 주석했는데, 범어는 대역하고 알기 어려운 자구는 주해했다. 종전의 것을 집대성한 것으로 전 100권에 이른다.

돈황 실크로드의 관문

펴낸날   초판 1쇄 2006년 6월 30일
         초판 3쇄 2012년 11월 5일

지은이   **전인초**
펴낸이   **심만수**
펴낸곳   (주)살림출판사
출판등록 1989년 11월 1일 제9-210호

경기도 파주시 문발동 522-1
전화 031)955-1350   팩스 031)955-1355
기획 · 편집 031)955-4662
http://www.sallimbooks.com
book@sallimbooks.com

ISBN 978-89-522-0527-8   04080